序

PREFACE

荣昌区地处成渝主轴黄金联结点，是成渝地区双城经济圈建设的"桥头堡"，东靠大足区、永川区，西接四川内江隆昌，南邻四川泸州泸县，北与四川内江东兴、四川资阳安岳接壤。荣昌区古称昌州，因宋代诗句"天下海棠本无香，独昌州海棠香气扑鼻"，故有"海棠香国"之称。自唐乾元元年始建昌元县，并成为昌州府州治所在地；明洪武六年，取昌州和荣州首字得名荣昌，寓意"繁荣昌盛"。2015年6月，荣昌撤县设区，开启了发展的新征程。

荣昌，历史源远流长，文化古朴厚重。在数千年历史长河中，勤劳的人民在这片富饶而秀美的土地上繁衍生息，经历社会更替，跨入现代文明，留下了无数富含人民智慧的灿烂文化，尤其是孕育了璀璨的非物质文化。最为著名的是三大国家级非物质文化遗产。有起源于汉代的夏布，经纬间穿梭千年，号称"天然纤维之王"；有始于汉代的荣昌陶，与云南建水紫陶、广西钦州坭兴陶、江苏宜兴紫砂陶齐名，并称"中国四大名陶"；有始于宋代的荣昌折扇，与江苏苏州的绢绸扇、浙江杭州的书画扇并称"中国三大名扇"。

荣昌区是"湖广填四川"的重要聚集地，被誉为"客家文化活化石"。移民原有的文化习俗与本地相融合，形成了各种包容性极强的平民文化，尤其是特色美食自成体系，许多传统美食制作技艺被评为市级、区级非物质文化遗产代表性项目。卤白鹅、铺盖面、河包粉条、旱蒸牛肉、猪刨汤、羊肉汤、黄凉粉、猪油泡粑、艾粑、猪儿粑、烤乳猪、清江豆豉鱼、百草花蛋、凉糕、麻饼等传统小吃独树一帜，风味独特。其中卤白鹅、铺盖面、河包粉条、旱蒸牛肉、猪刨汤制作传统技艺被列入重庆市非物质文化遗产代表性项目名录，卤白鹅、黄凉粉、羊肉汤被授予"中国名菜"和"重庆名特小吃"等称号，成为香飘巴渝、享誉全国的经典美食。清江黄氏杂技、缠丝拳、小洪拳、苏家拳、金钱板、川剧等表演艺术类非物质文化遗产体现了独特的文化魅力。年猪文化节、尝新文化节、七夕河灯节等特色民俗逐渐成为当地百姓喜闻乐见的节庆活动品牌。

千年传承，历久弥新。荣昌的非物质文化遗产，正是由一代代荣昌人民、一群群甘于奉献的匠人们悉心培育、苦心经营、精益求精创造出来的。他们对传统文化的执着追求，对非遗事业的倾情浇注，凝聚成匠心与传承，这是一种专注，一种严谨，一种态度，是不以物喜、不以己悲的优雅与从容、淡定与自信。

"十三五"规划时期，荣昌区非物质文化遗产保护工作取得丰硕成果。《荣昌区区级非物质文化遗产代表性传承人认定与管理办法》等规范性文件出台，逐步健全非物质文化遗产法律法规体系，逐渐完善非物质文化遗产代表性项目和代表性传承人名录体系，抢救性记录取得阶段性成果，推动传统工艺振兴，开展理论研究，加强传承人培养和管理，推进非遗助力乡村振兴，加大传播普及力度，主动融入巴蜀文化旅游走廊建设等国家重大战略，让非物质文化遗产保护意识深入人心，社会广泛参与、人人保护传承的生动局面初步形成。截至2022年9月底，全区共普查到非物质文化遗产资源300余条，共公布区级非物质文化遗产代表性项目138项，其中国家级项目3项，市级项目23项；累计认定区级非物质文化遗产代表性传承人466名，其中国家级传承人5名，市级传承人45名。

文化兴则国运兴，文化强则民族强。没有高度的文化自信，没有文化的繁荣兴盛，就没有中华民族的伟大复兴。作为中华优秀传统文化的重要组成部分，非物质文化遗产在社会生活的各个领域发挥着越来越重要的作用。《非遗荣昌——重庆市荣昌区非物质文化遗产保护名录汇编》，是一种"坚守中华文化立场，传承中华文化基因"的有力佐证，书中记录的每一件非物质文化遗产名录，都是荣昌人民祖祖辈辈的心血结晶；每一个代表性传承人，都是祖先传统文化的传承者、奉献精神的延续者、开拓创新的实践者。

凡为过往，皆为序章。立足新的起点，我们要始终牢记习近平总书记殷殷嘱托，以习近平新时代中国特色社会主义思想为指导，深入贯彻党的二十大关于传承弘扬中华优秀传统文化有关要求，坚持以社会主义核心价值观为引领，不忘本来、吸收外来、面向未来，坚持创造性转化、创新性发展，保护好、传承好、利用好非物质文化遗产这笔宝贵财富，不断提升系统性保护水平，不断挖掘历史文化资源，不断运用新思维、新视野、新做法，使之绽放出更加迷人的时代光彩，为中华优秀传统文化的弘扬发展，为全面建设社会主义现代化国家提供精神力量！

中共重庆市荣昌区委常委、宣传部部长　刘菊华

二〇二二年十月

非遗荣昌

重庆市荣昌区非物质文化遗产
保护名录汇编

重庆市荣昌区文化和旅游发展委员会 编著

中国纺织出版社有限公司

内 容 提 要

本书是首套系统记录重庆市荣昌区入选各级非物质文化遗产保护名录丛书之一，涵盖民间文学，传统音乐，传统舞蹈，传统戏剧，曲艺，传统体育、游艺与杂技，传统美术，传统技艺，传统医药，民俗，共十大类别，以图文并茂的形式呈现各级非物质文化遗产保护名录的基本内容，展示了荣昌区人民世代相传的各种社会实践、观念表述、表现形式、知识、技能及相关的工具、实物、手工艺品等。

本书的出版将为广大读者学习、认识荣昌区非物质文化遗产资源提供宝贵的素材参考，是向广大学生进行普及化教育的生动教材，是学术机构和广大学者进行科学研究的珍贵资料。

图书在版编目（CIP）数据

非遗荣昌：重庆市荣昌区非物质文化遗产保护名录汇编 / 重庆市荣昌区文化和旅游发展委员会编著 . -- 北京：中国纺织出版社有限公司，2022.11

ISBN 978-7-5180-9978-8

Ⅰ . ①非… Ⅱ . ①重… Ⅲ . ①非物质文化遗产 – 荣昌区 – 名录 Ⅳ . ① G127.719.3–62

中国版本图书馆 CIP 数据核字（2022）第 198339 号

责任编辑：郭 沫 责任校对：楼旭红 责任印制：王艳丽

中国纺织出版社有限公司出版发行
地址：北京市朝阳区百子湾东里 A407 号楼 邮政编码：100124
销售电话：010—67004422 传真：010—87155801
http://www.c-textilep.com
中国纺织出版社天猫旗舰店
官方微博 http://weibo.com/2119887771
天津千鹤文化传播有限公司印刷 各地新华书店经销
2022 年 11 月第 1 版第 1 次印刷
开本：787×1092 1/16 印张：11
字数：155 千字 定价：88.00 元

凡购本书，如有缺页、倒页、脱页，由本社图书营销中心调换

前 言

PREFACE

　　非物质文化遗产是中华优秀传统文化的重要组成部分，是中华文明绵延传承的生动见证，是连接民族情感、维系国家统一的重要基础。保护好、传承好、利用好非物质文化遗产，对于延续历史文脉、坚定文化自信、推动文明交流互鉴、建设社会主义文化强国具有重要意义。

　　为落实中共中央办公厅、国务院办公厅《关于进一步加强非物质文化遗产保护工作的意见》中"加强非物质文化遗产相关出版工作"、文化和旅游部《"十四五"非物质文化遗产保护规划》中"支持非遗研究成果的出版、发表与发布""加强研究阐释和非遗保护成果的宣传、普及、应用"有关工作部署，重庆市荣昌区文化和旅游发展委员会认真梳理了自2008年以来先后公布的138项非物质文化遗产代表性项目名录资料。其中国家级非物质文化遗产代表性项目3项，市级非物质文化遗产代表性项目23项。我们从命名的各级非物质文化遗产代表性项目中精选出了国家级、市级和部分区级项目，进行归卷，编印本书。

　　根据国家级非物质文化遗产代表性项目和名录分类，本书涵盖民间文学，传统音乐，传统舞蹈，传统戏剧，曲艺，传统体育、游艺与杂技，传统美术，传统技艺，传统医药，民俗，共十大类别，以图文并茂、分门别类的形式呈现，是首套系统记录荣昌区丰富多样、异彩纷呈、独具特色的非物质文化遗产项目丛书。它展示了荣昌区人民世代相传的各种社会实践、观念表述、表现形式、知识、技能及相关的工具、实物、手工艺品等，集中反映了近年来荣昌区非物质文化遗产保护工作的丰硕成果。

　　本书的出版将为广大读者学习认识荣昌区非物质文化遗产资源提供宝贵的素

材参考，是向广大学生进行普及化教育的生动教材，是学术机构和广大学者进行科学研究的珍贵资料。同时，也将进一步推动荣昌区非物质文化遗产保护的传承发展，使非物质文化遗产服务当代、造福人民，对于荣昌人民坚定文化自信、增进文化认同和增强文化获得感、幸福感具有重要的现实意义。

编著者

二〇二二年十月

目　录
CONTENTS

第四章│荣昌区级非物质文化遗产代表性项目名录

附录

后记

第一章

荣昌区非物质
文化遗产概述

"天下海棠本无香，独昌州海棠香扑鼻"，荣昌古称昌州，雅称"海棠香国"，拥有丰富的非物质文化遗产（以下简称"非遗"）资源。现有夏布织造技艺（2008年）、制扇技艺（荣昌折扇，2008年）、陶器烧制技艺（荣昌陶器制作技艺，2011年）3项国家级非遗代表性项目。有荣昌卤白鹅制作技艺、河包粉条制作技艺、荣昌铺盖面制作技艺、荣昌猪刨汤制作技艺、烧酒房传统酿造技艺、旱蒸牛肉制作技艺、荣昌金钱板、河包肉龙、清江黄氏杂技、荣昌缠丝拳、小洪拳、苏家拳、万灵镇游艺系列、荣昌角雕、书画传统装裱与修复技艺、荣昌民间道教绘画、荣昌杀年猪习俗、尝新、窑王祭祀、何氏点熨灸治术等23项市级非遗代表性项目。有黄凉粉、羊肉汤、猪油泡粑、荣昌艾粑制作技艺、糖画制作技艺、竹编技艺、莫氏面塑、直升白酒酿造工艺、传统制茶、川剧、七夕习俗等138项区级非遗代表性项目，涵盖民间文学，传统音乐，传统舞蹈，传统戏剧，曲艺，传统体育、游艺与杂技，传统美术，传统技艺，传统医药，民俗，共十大类别（图1-1）。

图1-1　非物质文化遗产十大类别

全区先后命名七批区级非遗代表性传承人，共计466名，其中：国家级非遗代表性传承人5名，市级非遗代表性传承人45名。

截至2021年底，全区先后获命名国家级文化产业示范基地1处，国家级传统工艺工作站1处，市级文化产业示范园区2处、市级文化产业示范基地3处、市级生产性保护示范基地6处、市级传承教育基地7处、市级非遗研学旅行示范基地1处（图1-2）、市级非遗传习所5处、区级传承教育基地26处，成功打造市级非遗特色小镇2处（图1-3、图1-4）。

2018年6月，重庆市荣昌区文化委被文化和旅游部授予"全国非物质文化遗产保护工作先进集体"荣誉。2019年6月，荣昌陶器制作技艺保护实践案例获重庆唯一国家级非遗保护项目优秀实践案例。

在非遗项目关联产业发展方面，狠抓产业融合发展，提升非遗整体水平。全区非遗项目关联产业产值超150亿元，带动就业人口超10万人，逐渐形成产业集群，延伸和完善了产业链条。荣昌陶年产值约80亿元，荣昌夏布年产值约20亿元，河包粉条、卤白鹅、铺盖面、羊肉汤、白酒、折扇、角雕等非遗项目关联产值共计约50亿元。

图1-2 重庆市非遗研学旅行示范基地（荣昌区国家级示范性综合实践基地）

图1-3 安陶小镇

图1-4 夏布小镇

第二章

荣昌国家级非物质文化遗产代表性项目名录

传统技艺

夏布织造技艺

据史料记载，我国古代人民早在夏朝时期便利用麻、葛通过手工纺纱织布做成服饰，故得名"夏布"，距今已有4000多年历史，被誉为中国传统纺织品的活化石。

夏布是一种将天然苎麻纤维通过纯手工纺织加工而成的平纹布。夏布生产技艺主要包括打麻、剐麻、漂麻、绩麻线、挽麻团、牵线、穿筘、刷浆（过浆）、织布、漂洗及整形、印染等工序（图2-1）。荣昌夏布织造技艺历史悠久，早在2000

打麻

剐麻

漂麻

挽麻团

牵线

整经

穿筘

刷浆

过浆

织布   漂洗   晾晒

整形   印染   全植物染色夏布

图2-1   夏布织造技艺工序

多年前的汉代就有"蜀布"的记载，历经唐代的"班（斑）布"，宋代的"筒布"，再到如今的"荣昌夏布"。

荣昌夏布细密平整，色泽莹洁润滑，且坚韧耐用，号称"天然纤维之王"，素有"轻如蝉翼，薄如宣纸，平如水镜，细如罗绢"的称誉。因麻质冬暖夏凉，通风透气的特性，做成衣服，穿后易洗易干，烫后有棱有角，显得古朴雅致，美观大方，且凉爽理汗，舒适宜人；做成蚊帐，有驱蚊虫的作用；用点燃的麻线，在毒疮周围烧熏后，有治疗毒疮的功效。夏布产品主要有夏布服饰（图2-2、图2-3）、夏布围巾、夏布包、夏布床上用品、夏布书画、夏布折扇、夏布工艺摆件、夏布装饰品（图2-4）等，多年来深受人们喜爱，畅销国内外。

1998年，中华人民共和国农业部先后授予荣昌"中国夏布之乡""夏布加工基地"（图2-5）的称誉。2008年，夏布织造技艺由国务院批准并公布为第二批国家级非遗代表性项目，2013年注册国家地理标志商标，2018年5月列入文化和旅游部、工业和信息化部联合发布的第一批国家传统工艺振兴目录。累计获命名各级代表性传承人包括国家级2名（现有1名），市级5名（现有3名），区级50余名。

图2-2　夏布生活服饰（来源：天运麻艺）

图2-3　夏布时装

夏布围巾

夏布包

夏布刺绣

夏布毛巾

夏布小挎包

夏布蓝牙音箱

夏布工艺挂件

夏布工艺扇

夏布摆件

图2-4　夏布产品
（作品来源：天运、加合、感懒树、张芃芃）

图2-5　中国夏布之乡（盘龙镇）夏布产品展厅

制扇技艺（荣昌折扇）

折扇最早出现于公元 5 世纪的南北朝时期。《南齐书》上说："褚渊以腰扇障日"，这"腰扇"据《通鉴注》上的解释，即"折叠扇"。四川在宋代就已生产折扇，荣昌折扇又是四川折扇的代表作，因此，据以上史料记载，我们可以推断出荣昌折扇始于宋代，兴于明代，盛于清代。

折扇又叫"折叠扇""聚头扇"。据清光绪十年（1884年）所修的《荣昌县志》载："邑中职此业者不下千家万户。每年春旬各郡县客商云集于斯，贩往他处发卖。"又据明清史学家谈迁（1593—1657）《枣林杂俎》记载："顺治十二年（1665年），皇上命四川布政司造进贡扇并开列折扇式样如龙凤舟船扇、七夕银河会扇等，查蜀产扇，首推荣昌，别无二地。"说明当时的荣昌折扇已成朝廷贡品。

荣昌制扇技艺主要包括青山（选竹到制批），同骨（每把相同），皂锅，棕风，雕刻、镶嵌，钻眼，削扇批，纸口，头子，梳练，制膏水，糊扇（尾庄），捆扎，角告，绘画、漆面，装饰、包装等16个工段，140多道工序（图2-6）。荣昌折扇造型轻盈灵巧，其选料考究，制作精细，工艺精湛，是实用与工艺相结合

同骨

削扇批

梳练

钳告

制膏水

切扇面

尾庄

糊扇面

折扇面

撇火

捆扎（抛光）

包扇边

制串子

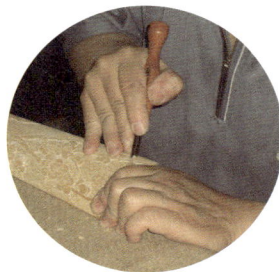
装饰（刻扇夹）

扇面画创作

图2-6 荣昌折扇制作技艺部分工序

　　的日用佳品，深受各阶层人士喜爱。古人瞿佑曾有诗赞曰："开合清风纸半张，随机舒卷岂寻常。金环并束龙腰细，玉栅齐编凤翅长。偏称游人携袖里，不劳侍女执花傍。宫罗旧赐休相妒，还汝团圆共夜凉"。荣昌折扇与苏州绢绸扇、杭州书画扇齐名为"中国三大名扇"。

　　荣昌折扇有绸面串子、水磨夹子、雕嵌、漆面、泥金、金粉写画等品种，主要代表作品是黑纸扇、棕竹扇、丝绸扇及夏布扇，其中黑纸扇是最具有代表性的作品。夏布扇是匠人运用夏布作为扇面，将夏布和折扇两项国家级非遗项目结合起来，在夏布上作画，是荣昌折扇独具特色的代表性作品（图2-7）。

青绿山水书画丝绸折扇

竹匣黑绸书法棕竹扇

红木夏布折扇

夏布折扇

牛骨折扇

一寸花排扇

书法雕刻绸扇

书画雕刻绸扇

书画夏布扇

图2-7　荣昌折扇代表作品

2008年制扇技艺·荣昌折扇由国务院批准并公布为第二批国家级非遗代表性项目。2018年5月列入文化和旅游部、工业和信息化部联合发布的第一批国家传统工艺振兴目录。累计获命名各级代表性传承人包括国家级1名，市级6名（现有5名），区级15名。

陶器烧制技艺（荣昌陶器制作技艺）

荣昌陶业主要分布于安富街道鸦屿山一带，这里山峦起伏，松林遍布，底下蕴藏着丰富的优质陶土，生活在这一带的人们早就利用地下陶土和烟煤资源，生产陶器。根据已经出土的陶器文物显示，唐宋时期，荣昌的制陶业已经兴盛。近年来，在安富宋代瓷窑里遗址，先后发掘出一批陶器，包括盏、碗、盘、碟、壶、瓶、缸等，证明当时的制陶业不仅兴旺发达，而且实现了规模化集中生产。清咸丰、光绪年间是陶器生产的鼎盛时期，荣昌开始生产细陶，使用刻花和色釉装饰。

荣昌陶器以生产日用陶器为主，制作工序主要包括选泥、晒泥、揉泥、制坯、打磨、装饰（刻花、贴花、粑花等）、制釉、烧制等20多道工序（图2-8）。荣昌陶器细腻致密，叩之发出清脆悦耳金属声，可与瓷器相媲美。荣昌细陶在国内陶业界

选泥

揉泥

制坯

制坯

修坯

装饰（化妆土刻花）

图2-8

装饰（点画花）　　　　　装饰（剪纸贴花）　　　　　装饰（钧釉贴花）

装饰（粑花）　　　　　　装饰（雕塑）　　　　　　装饰（雕塑）

制釉　　　　　　　　　　烧制　　　　　　　　　　开窑

图2-8　荣昌陶器制作技艺部分工序

中有着极高的艺术水平，有"薄如纸、亮如镜、声如磬"的美誉。荣昌陶器釉色多姿多彩，品种丰富，装饰手法上有雕、刻、镂、粑、堆等，极具地方特色，故形成了荣昌陶器独有的艺术风格（图2-9），在20世纪六七十年曾作为国家对外文化交流的必选艺术陶器之一，至今仍被收藏家作为特色名贵陶器收藏（图2-10）。

今天的荣昌陶器与江苏宜兴的紫砂陶、云南建水的建水紫陶、广西钦州的坭兴陶并称为"中国四大名陶"，而荣昌的安富与江苏宜兴、广东佛山石湾并称为"中国三大陶都"，享誉海内外。

2011年，陶器烧制技艺（荣昌陶器制作技艺）由国务院批准并公布为第三批

盘龙瓶 （作者：罗天锡）	粑花陶茶具 （作者：李长久）	陶刻书法茶具 （作者：吴华生）
钧釉贴花壶 （来源：安富街道）	金砂釉笔洗 （来源：安富街道）	朱砂釉茶叶罐 （来源：鸦屿工作室）
窑变朱砂釉泡菜坛 （来源：安福街道）	刻花泡菜坛 （作者：梁洪萍）	点画花泡菜坛 （作者：周光建）

图2-9　荣昌陶系列作品

国家级非遗代表性项目，同年获重庆市"巴渝十二品"称号，2014年获"重庆新名片十强"，并成功注册国家地理标志商标，2018年5月列入文化和旅游部、工业和信息化部联合发布的第一批国家传统工艺振兴目录。累计获命名各级代表性传承人包括国家级2名，市级10名（现有8名），区级150余名。

山河如意瓶
（作者：梁先才、李绍荣、林诚忠）

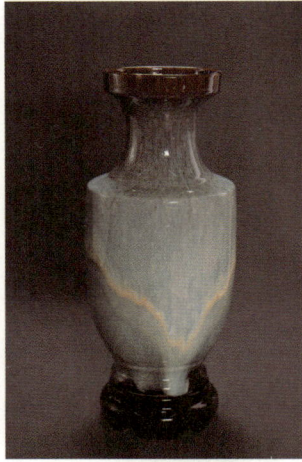

雪域　花釉梅瓶
（作者：刘吉芬）

憨哥憨妹
（作者：钟鸣、范鸣）

图2-10　被中国美术馆收藏的部分荣昌陶作品

第三章

荣昌市级非物质文化遗产代表性项目名录

传统舞蹈

河包肉龙

　　肉龙，是河包镇人民独创的一种传统舞蹈，是龙舞的一种。明代由于河包镇乡民生计艰难，在节庆时无法用多余的物资来扎制舞龙，于是他们创作出了独特的肉龙。

　　河包肉龙的龙头和龙尾用竹料扎制，龙头套于龙头表演者头上，龙尾系于龙尾表演者腰部，龙身由29人以上组成，表演者每人上身和腿部裸露，腰间系上草裙，因此称为肉龙。主要在节庆和祭祀活动进行，表演前要举行祭祀仪式，首先要祭天地，然后祭祖，请示出龙，再拜萨官，拜水，接着洗龙，最后开光。表演时由舞"宝"者空翻进入表演场地，带领肉龙进行表演。主要动作有过大小四门（图3-1）、龙洗澡、龙翻身、龙过江（图3-2）、龙腾云（图3-3）、龙缠腰（图3-4）、龙抬头等。凡是儒龙能表演的动作，肉龙也能全部表演出来，儒龙无法表演的高难

图3-1　过四门

图3-2　龙过江

图3-3　龙腾云

图3-4　龙缠腰

技艺，肉龙也能活灵活现地演绎。表演时，根据肉龙表演的动作和节奏特点配有川剧、打击和吹奏音乐伴奏。

1984年，河包肉龙代表荣昌区参加重庆市舞龙比赛并获得金奖，被收入《中国传统舞蹈集成》一书，《荣昌县志》（1985年版）有专门记载。2012年春节参加重庆市龙舞大赛获二等奖。

2013年，河包肉龙列入重庆市第四批市级非遗代表性项目名录。现有市级代表性传承人2名，区级代表性传承人4名。

曲 艺

荣昌金钱板

金钱板曾名金剑板、金签板、三才板，它的起源时间比较久远。金钱板的表演又说又唱，最初只是以简单的唱腔唱诵"劝世文"，艺人沿街叫唱以求生活。到清同治年间，民间艺人把川剧高腔定上曲牌名称，并归纳出主要板式及打法，这时的金钱板基本定型。

荣昌金钱板曲目是巴蜀历史文化的传承载体，从传统唱词中可以了解巴蜀大地的风土民情、历史事件和风云人物，具有历史研究价值。金钱板本身就属于传统地方曲艺的一种，饱含了深厚的地方文化底蕴，给人以美的享受和熏陶，具有文化价值。金钱板的制作和敲击声响是经过长期经验积累的结果，悦耳的声音和各种打法符合声学原理，唱腔、曲调和表演也有一套科学的训练方法，具有科学价值。通过金钱板的形式规劝世人，宣扬良好的社会风尚，可以寓教于乐，易于为人们所接受，具有大众教育价值。

荣昌金钱板曲目中的传统书目以历史故事为多。中华人民共和国成立后，对传统曲目加以整理改编，较成功的作品有《武松传》等。各地还创作了大量现代题材的新曲目，如《双枪老太婆》等。在表演上，它要求艺人将打板、表演和唱功有机地结合在一起，通过艺人对题材的理解和艺术加工，把故事形神兼备地传达给观众，从而带来强烈的艺术感受。

2011年，金钱板被列入第三批市级非遗代表性项目名录。现有市级代表性传承人1名，区级代表性传承人1名（图3-5），有市级非遗传承教育基地1处，常年开设金钱板课程教学（图3-6）。

图3-5　金钱板展示（表演者：蒋泽光、蒋荣璐）

图3-6　金钱板传承教育基地——双河中心小学开展非遗进校园展演活动

传统体育、游艺与杂技

荣昌缠丝拳

缠丝拳历史悠久，源远流长，风格独特，博大精深，是我国民间优秀的传统拳种之一。据《四川武术大全》（四川科学技术出版社出版）记载，流行于荣昌区的缠丝拳又名蚕闭门、缠门、缠丝门及残门等。

缠丝拳自成门派于清雍正年间，由道教传人杨立三在江西以龙门派道家的武功和伤科为基础，吸收少林派及峨眉派之所长，以内家拳拳理功法为依据，以缠丝劲功理为核心，以蚕之吐丝、蛇鹤相斗和引进落空为基础编创套路，创立的武术拳种。据史料记载，《缠门打经》（手抄本）记载："圣先祖师邱文结，仙母杨老太君原系燕国人氏"，留有邱文杰龙门正派四十字，后续六十字派。由此可见，缠丝拳发源于终南山全真道（龙门派），其源头可追溯至北宋时期。到清嘉庆年间，杨立三的传人王一川（全真教龙门派第十一代传人），从江西云游入川，在荣昌区收杨为善为徒，从此该拳种在荣昌区发扬光大，闻名于世。

缠丝拳以缠绕化解为本，行拳如蚕之吐丝，连绵不断，是典型的内家拳法，具有完整的理论体系和技术体系（图3-7、图3-8）。1985年荣昌缠丝拳参加四川省武术遗产挖掘整理，获贡献奖和一等奖，1989年载入《四川武术大全》。

2009年，缠丝拳被列入重庆市第二批市级非遗代表性项目名录。现有市级代表性传承人3名，区级代表性传承人40余名，常年练习缠丝拳的人数超50000人，区内成立区缠丝拳协会1个，缠丝拳分会、培训中心、传承教育基地25个（图3-9）。2019年，缠丝拳被国家体育总局列入全国著名拳种（图3-10）。2019年6

图3-7 缠丝拳套路展示（市级传承人：蒋远武）

图3-8 缠丝拳对练搏击
（市级传承人：邹朝文和弟子）

图3-9 缠丝拳传承教育基地学员日常练习

图3-10 缠丝拳在荣昌区大型体育赛事活动中展演（区级传承人：唐旭和他的弟子们）

月，缠丝拳在第八届世界传统武术锦标赛（峨眉山）中首次单独作为参赛拳种精彩亮相，并获得一等奖的好成绩。

清江黄氏杂技

荣昌区清江镇地处重庆市西部，与四川省交界，濑溪河流经此处汇入长江。清江黄氏家族杂技集中在该镇境内竹林村。

荣昌区清江镇的黄氏家族是清代康熙年间从广东梅县移民入川而定居于该镇，由于黄氏家族祖上崇尚武术，并长期研习舞狮和杂技艺术，在入川迁徙过程中，不断学习途经地杂技艺术，入川定居后与本土杂技艺术相融合，经过世代的演变，形成了现在独具特色的清江黄氏杂技艺术。现存的表演内容主要有高台狮子舞、高台空翻、牙叼功夫、火流星和飞镖等，清江黄氏杂技与本地的一些武术、音乐和传统习俗等相融合，具有浓郁的地方文化特色。

黄氏家族杂技表演经过世代传承和发展，现存的内容具有很强的地方色彩。按类目分主要有以下几方面。乔装动物类：即人扮动物表演的一类节目，主要有高台狮子舞和龙舞等。形体技巧：是一类综合性节目，融体操、武术、杂技于一体，使杂技的形体技巧更加完美，其内容包括小武术、倒立、空翻等。平衡技巧：这类节目主要有顶杠竿、顶技、晃板、牙叼长凳（图3-11～图3-13），脚踩鸡蛋、气球、灯泡、钢刀等。高空类：主要是嘴叼人梯空中表演及高台前后、侧身空翻表演。耍弄型：主要是吐火、飞镖、水火流星等。武术类：主要为气功表演，如手拍啤酒瓶瓶底脱落、钢丝缠颈、钢枪刺喉、腹部承重开巨石、手掌劈砖等（图3-14、图3-15）。

2009年，荣昌清江黄氏杂技列入第二批市级非遗代表性项目名录。现有市级代表性传承人2名，区级代表性传承人3名。

小洪拳

据四川省体育运动委员会、四川省武术遗产挖掘整理组织编写的《四川武术大全》（四川科学技术出版社出版）记载，流行于荣昌的小洪拳是由少林拳基本拳术套路演变而来，而少林小洪拳素有"十八拳之母"之说。

图3-11　牙叼长凳日常练习、牙叼长凳舞台展示（表演者：黄常准、黄常维以及其弟子）

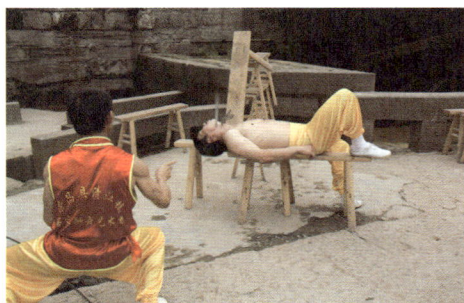

图3-12　飞刀展示

图3-13　倒立展示

图3-14　钢枪刺喉展示

图3-15　气功展示

历史上洪拳几经演变，是中国最古老的拳术之一，属"上四门"，上四门包括："红（拳）、梅（花）、弹（腿）、迷（踪）"。明代末期，郑成功创立组织，以明太祖朱元璋年号"洪"字立门，故称洪门。清嘉庆年间，荣昌河包镇人王红，曾到河南少林寺学武后返乡，根据少林拳的基本功法，并结合大洪拳、老洪拳、洪家拳的套路特征以及自己的习武心得，创编为独具地方特色的小洪拳，之后传授给荣昌区河包镇拳师陈世道，至1921年，由陈氏族人传授给荣昌河包镇人陈益山（是小洪拳第五代嫡传），将小洪拳拳技传于荣昌区境内，从此，该拳种在荣昌区发扬光大，流传于世。

据史料记载，小洪拳的步型有并步、弓步、马步、蹲步、虚步等，基本上包括了各家拳术的常见步型；手型有掌、拳、五花抓；手法有推掌、抢手、扳手、砍手、掠手、拦手、撩手、抓苗头手；拳法有冲拳、劈拳、撩拳、砸拳、侧拳等；足法有踩脚、泼脚、勾脚；腿法有踢、弹、跳；身法有转身、缩身等；眼法有盯、迷、暴、瞪等。构成了完整的手、足、身、眼、步法，形成了一套系统的理法合一的攻防技术（图3-16～图3-19）。

图3-16　小洪拳套路展示（市级传承人陈善友）

图3-17　小洪拳器械展示（市级传承人戴其君）

图3-18　小洪拳搏击对练

图3-19　小洪拳展示

2013年，小洪拳被列入第四批市级非遗代表性项目名录。现有市级代表性传承人2名，区级代表性传承人20余名。

苏家拳

中华武术历史悠久，源远流长，拳种流派甚多。据四川省体育运动委员会、四川省武术遗产挖掘整理组编写的《四川武术大全》（四川科学技术出版社出版）记载，流传于荣昌区境内的荣昌苏家拳又叫苏家教。

荣昌苏家拳主要是一种以技击为主体的拳术，其次为养身健身，延年益寿。荣昌苏家拳最初的拳术套路是六角桩，分对、游塘为基础拳术，器械是尖刺、朴刀和围刀、板凳拳。后来，又在漫长的岁月中，历代武师又增加了新分对、三角桩、成成滚手、新六角桩、黑虎头、大摆对、宰拳，以及刀、棍、耙、铁尺、铲、权等二十多个套路（图3-20），另有八大劲（八段锦）。

荣昌苏家拳作为一项具有完整意识形态的传统竞技体育活动，涵容了中国古代哲学、伦理学、美学、医学、兵学等传统文化的精髓，以其独特的技击美、节奏美、劲力美、形神美、动作美等，体现了中国传统美学的特殊范畴，具有东方古典艺术的神韵（图3-21）。

2015年，荣昌苏家拳被列入重庆市第五批市级非遗代表性项目名录。现有市级代表性传承人1名，区级代表性传承人4名，市级传承教育基地1处（图3-22）。

图3-20　苏家拳套路展示
（市级传承人：彭智勇）

图3-21　苏家拳舞台展示

图3-22　苏家拳进校园（荣昌区高新区小学）

万灵镇游艺系列

　　清代康熙年间，实行湖广填四川，大量来自湖南、湖北、广东、广西等各省人民带来了各种形式的游艺，与本地土著的游艺相融合，形成了多元、完整、传统、独具特色的荣昌万灵民间游艺与竞技。

　　万灵民间游艺与竞技主要分为两大类：一是以儿童游戏为主；二是以成人游艺为主。儿童游艺主要有老鹰捉小鸡、猫捉耗子、摸瞎鱼、捉迷藏、打瓦、打鞋桩、挤加油、踢绊脚、过家家、骑竹马、叫手势、打陀螺、跳背、放风筝、抓子儿、劈甘蔗、包袱剪子锤、击鼓传花、打石靶、踢毽子、翻绞绞、猜谜语、折纸、剪纸、说绕口令、藏物找物等；成人游艺主要有斗狗、斗鸡、斗鹌鹑、斗画眉、斗鱼、斗蚁、放爆竹、元宵赏灯、舞春牛、踏青、乞巧、放河灯、舞龙、舞狮子、扭秧歌、走高跷、跑旱船、茶令、躲数、划拳、猜枚、象棋、弹棋、六枚棋、裤裆棋等。万灵民间游艺与竞技项目众多，除具备全国各地相通的游艺外，还有如踩南山（图3-23）、送瞎子、拜月、拍手游戏（图3-24）、嫁新姑娘（图3-25）、蛇抱蛋、打官司（图3-26）、六枚棋等当地独有的民间游艺。

　　民间游艺是一种以消遣休闲和调节身心健康为主要目的，而又有一定模式的民俗活动，为满足精神的需求而进行的文化创造。丰富多彩的民间游艺，是万灵古镇悠久历史的表现形态，一直流传于广大群众生活中，并在传承的过程中体现出浓郁的地方文化特色和自身的社会价值。

　　2015年，万灵镇游艺系列被列入第五批市级非遗代表性项目名录，现有区级代表性传承人2名。

图3-23　踩南山

图3-24　拍手游戏

图3-25　嫁新姑娘

图3-26　打官司

传统美术

荣昌角雕

　　荣昌区倪氏角雕艺术品以牛、羊角等兽角手工制作加工而成，以倪氏家族传承制作为主。倪氏牛角工艺品生产历史久远，经过数辈祖传，工艺精益求精，技术不断改进，精心制作，品质优良，给人以爱不释手之感。

　　牛、羊角工艺品质地湿润如玉，色泽自然天成，古朴雅致，美观大方，经久耐用，花纹色彩斑斓，可与玉石、珍珠、玛瑙媲美。通过对牛、羊角进行精雕细琢，所造型出来的花、鸟、鱼等工艺品看起形态逼真，栩栩如生。牛角梳、项链、刮痧片、挖耳、牙签、手镯、牛角席等具有使用和装饰的良好效果，相比竹、木制品高雅耐用。牛、羊角本身具有清热、凉血、祛风除湿、解毒之功效，而牛、羊角工艺品全部采用物理加工制作，未改变其药理、药性。因此，牛、羊角工艺品具备药用、保健效果。其色泽永不褪色，是室内装饰、收藏之佳品，可登大雅之堂（图3-27）。

　　2013年，荣昌角雕被列入第四批市级非遗代表性项目名录，现有市级代表性传承人2名。

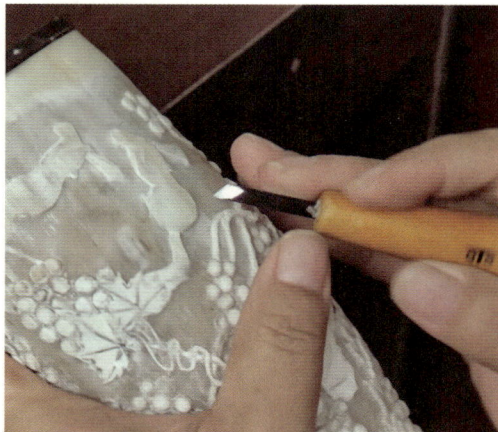

图3-27　牛角雕刻工艺品

传统技艺

荣昌卤白鹅制作技艺

　　荣昌卤白鹅是一道传统的名菜。卤鹅本为潮汕食物，经过荣昌的客家人三百多年的不断适应和改进，卤鹅逐渐成为今天荣昌地区的特色饮食品牌，受到了重庆乃至全国人民的喜爱。

　　"卤鹅卤鹅，盯一眼走不脱。"这句荣昌城内的顺口溜老少皆知，因为每到中午、傍晚时分，大街小巷都是卤鹅飘香。荣昌卤白鹅不是一种单一的烹制法，而是将加热烹制与调味二者集于一身。卤鹅须选肉质好的荣昌白鹅，去毛取出内脏洗净，再将陈年老卤水烧开，放入鲜鹅，加入老姜、胡椒、八角等香料，卤至20分钟后翻面，一般1小时卤成（图3-28）。荣昌卤白鹅集粤菜和川菜所长，既有粤菜和潮汕菜注重的用料选料味尚清鲜、油而不腻的特色，更有川菜调味多变、口味清鲜、醇浓并重、适应性强、麻辣浓郁的地方风味。成品卤白鹅的主要特点是色泽金黄发亮、五香味浓，粑软适中、骨质松脆、骨髓香滑、肉感香嫩，调料微辣适口、口感适中，佐料配味独具匠心，制作十分讲究，取川味精华，麻辣鲜香，其味悠长（图3-29）。

　　2011年，荣昌卤白鹅制作技艺被列入第三批市级非遗代表性项目名录，现有市级代表性传承人2名，区级代表性传承人5名。

图3-28　卤白鹅制作技艺

图3-29　卤白鹅成品

烧酒房传统酿造技艺

荣昌区安富街道地处荣昌区最西边，是重庆市的西大门，与四川省隆昌市李市镇、渔箭镇和泸州市泸县方洞镇接壤，被称为"渝西第一镇"。烧酒房传统酿造技艺就分布在安富街道沙河村境内。

安富街道，历史上又名"烧酒房"，盛产陶器和白酒为主。20世纪80年代三峡文物考古队来荣昌实地发掘考证，在安富境内出土大量的宋代陶器酒具。因此，荣昌烧酒房传统酿造技艺历史应追溯到宋代，距今已有上千年的历史。又据2000年《荣昌县志》记载，光绪九年，距安富街道3公里处一垭口山脚有一条小溪，溪上有古老的石板"仙人桥"，桥侧有一股泉水，流入溪内，用来酿造，味美、质好，畅销省内外，人们便呼此地为"烧酒房"。再据《荣昌县志》载有民谚："成渝要衢有一场，街式如带五里长，浓郁馨香是白酒，名副其实烧酒房。"因当地水质好，红糟质量纯，烤酒技术高，故在清代时烧酒房的白酒就香飘区内外。当时已有传统酿造作坊30多家，目前仍保存有清末民初传统酿造作坊3处。清末民国初年，安富又称"瓷窑里""烧酒坊"，并沿用至今。

"烧酒房"小曲白酒属固态法小曲白酒，是中国蒸馏白酒的重要组成部分，发展历史悠久，小曲白酒以高粱为主要酿造原料，小曲为糖化发酵剂，经蒸煮培菌（图3-30）、续糟发酵（图3-31）、蒸馏、陈酿、勾兑而成，具有品质优良、清香纯正、柔和协调、绵甜净爽、回味悠长等特点。

2015年，烧酒房传统酿造技艺列入第五批市级非遗代表性项目名录，现有市级代表性传承人1名，区级代表性传承人3名。

图3-30　蒸煮培菌

图3-31　续糟发酵

书画传统装裱与修复技艺

中国书画装裱与修复技术是我国独特的传统工艺，有着悠久的历史，源远流长。书画装裱形式有横坡裱、立轴裱、对联裱、条屏裱等。根据书画用料材质不同又分为镶活全绫裱、全锦镶裱、半锦镶裱、纸绫边镶裱、挖绫镶裱、多色绫镶裱、宋式镶裱、加镶裱。

荣昌区文化馆地处荣昌区城区中心地带，即昌元街道和昌州街道，书画传统装裱与修复技艺主要分布在这两个街道。据史料记载，我国在晋代以前就有书画装裱与修复这项工艺，至今已有2000多年的历史。这项工艺于清代传入荣昌城区，民国时期为兴旺时期。荣昌区主要装裱为"南裱"（图3-32），即具有中国南方裱覆特点。

2015年，书画传统装裱与修复被列入市级第五批非遗代表性项目名录，现有区级代表性传承人2名。

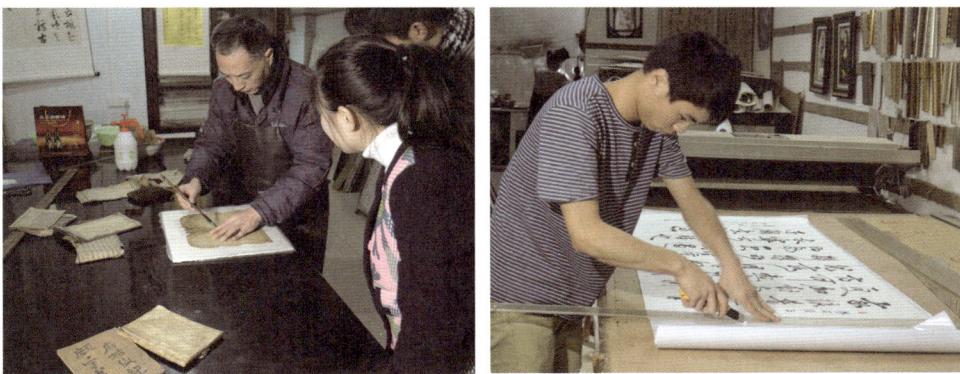

图3-32　书画传统装裱与修复技艺

河包粉条制作技艺

河包粉条是河包镇地方特产，其制作工艺历史悠久，距今已有400多年的历史，主要以红薯、马铃薯等为原料，经选薯、清洗、磨浆、过滤、沉淀、打芡、揉粉、漏丝（图3-33）、晒丝（图3-34）等工序，加工、干燥后制成的丝条状特色传统食品。

　　河包粉条成品粉条呈灰白色、黄色或黄褐色，按形状可分为圆粉条、细粉条和宽粉条（图3-35），质量上乘，风味独特。烹食方法简便，具有久煮不浑汤、耐煮不断节、长煮不糊锅、入汤即可食、柔软爽滑、物美价廉、营养丰富等特点，深受广大群众喜爱。

　　河包粉条历史悠久，对研究当地历史风貌、生产生活、民俗民风、饮食习俗等具有一定的参考价值，对传统工艺发展具有重要的研究价值，同时，作为发展地方特色名优产品，带动当地产业发展和促进当地百姓致富增收，具有较大的经济价值（图3-36）。

　　2019年，河包粉条制作技艺被列入第六批市级非遗代表性项目名录，现有区级代表性传承人3名。

图3-33　河包粉条制作技艺（漏丝）

图3-34　河包粉条制作技艺（晒丝）

图3-35　宽粉条

图3-36　河包粉条做的酸辣粉

荣昌铺盖面制作技艺

铺盖面是一种汤面，因面皮很宽大像铺盖，所以得名铺盖面。荣昌铺盖面，历史上俗称"扯麦粑"（图3-37），是填川移民带来的以闽粤味型为主的一种用面粉制作加工而成的面食品，在经过土鸡、海鲜、猪大棒骨、香料熬制而成的汤里煮入铺盖面，起锅后加入耙豌豆和调料，一碗鲜香美味的正宗的荣昌铺盖面就做好了（图3-38）。

荣昌铺盖面是一道本地特色食品，它反映了本地的历史风貌、生产生活和饮食习俗，是成渝两地广大群众日常的食品之一，具有一定历史价值和文化价值。铺盖面富含丰富的碳水化合物、无机盐、多种矿物质和微量元素，具有较高的营养价值。铺盖面叠合传统秘方，在面条本身上做了彻底改变，加工方式独特，面片韧性十足，口感极佳，面膜品种多样，特色鲜明，或麻辣，或清淡，同时具有闽粤味和川味，深受广大消费者喜爱。

2019年，荣昌铺盖面制作技艺被列入第六批市级非遗代表性项目名录，现有市级代表性传承人1名。

图3-37　扯面块

图3-38　豌豆杂酱铺盖面

荣昌猪刨汤制作技艺

荣昌猪刨汤是万灵境内一道传统特色美食，其制作工艺由来已久。南宋诗人陆游《岁末尽前数日偶题长句》诗云："釜粥芬香饷邻父，阄猪丰腤祭家神"。自注："蜀人豢猪供祭，谓之岁猪"，可见那时的巴蜀此风之盛。民间过年，多以猪肉为主，故腊月中旬到除夕，各地乡间宰猪特多，或自食，或与邻里分食，俗称"杀年猪"，同时要吃"杀猪饭"也就是吃刨汤。在"杀年猪，迎新年"民俗活动中，用热气尚存的上等新鲜猪肉和猪内脏，精心烹饪而成的美食称为"刨汤"（图3-39），还要求七大碗八大碟，主菜一般都有回锅肉、炒猪肝、酸菜滑肉等，庆祝欢欢喜喜过年。它不是一年四季都能吃到的菜，只有到了冬腊月杀年猪的那一天，才能享受到这样的美味。

杀年猪和吃刨汤以丰富和厚重的文化底蕴反映出了这一特有的社会民俗现象，由此反映了民众庆祝一年来养猪所取得成效的喜悦心情和对来年养猪兴旺的期盼。至今，荣昌区境内仍保留着年猪屠宰祭祀习俗和请邻里亲朋好友吃猪刨汤的风俗习惯（图3-40）。荣昌猪刨汤清醇甘香，各主料粑软细嫩，油而不腻，汤汁乳白，具有浓郁的乡间风味，具有重要的历史人文价值，对于民俗民间文化传承和发展起着重要作用。

2019年，荣昌猪刨汤制作技艺被列入第六批市级非遗代表性项目名录，现有区级代表性传承人1名。

图3-39　猪刨汤

图3-40　猪刨汤宴

旱蒸牛肉制作技艺

旱蒸牛肉是一道属于川渝地区的传统特色菜肴。旱蒸，蒸发之意，旱蒸是从清蒸派生出来的一种方法。旱蒸牛肉，是继承传统工艺"蒸"的烹饪方法制作而成，将经过秘制香料腌制（图3-41）后的牛肉放在蒸笼中（图3-42），利用蒸汽使其成熟，将鲜味物质保留在牛肉中，营养成分不受破坏，充分保持了菜品的形状完整，加热过程中水分充足，湿度达到饱和，成熟后的牛肉质地细嫩，口感软滑（图3-43）。

旱蒸牛肉是一道历史悠久的本地传统名菜，对研究本地的历史风貌、生产生活、饮食习俗有着重要价值。其肉质细嫩，原汁原味，深受消费者欢迎，具有一定的经济价值（图3-44）。

2019年6月，旱蒸牛肉制作技艺被列入第六批市级非遗代表性项目名录，现有市级代表性传承人1名。

图3-41　腌制牛肉

图3-42　蒸制牛肉

图3-43　牛肉切片

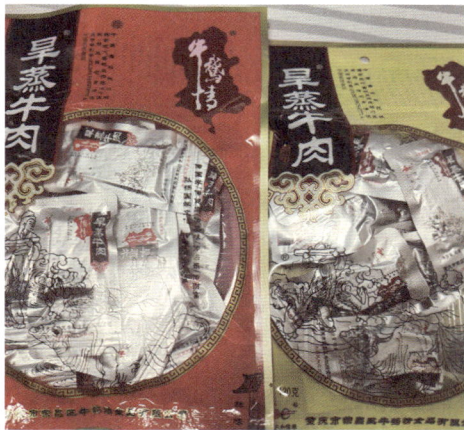
图3-44　旱蒸牛肉零食

传统医药

何氏点熨灸治术

熨烫灸炙疗法起源于中国，与灸法有异曲同工之妙，是中医的外治方法之一。何氏点熨灸治术是中医内病外治方法之一，在施治过程前对患者进行望、闻、问、切，辨症后，再根据患者病状找准相应穴位，进行按摩，打通经络，然后将加工后的多种中草药（图3-45）混合制作成的条状药捻（图3-46）蘸上桐油点燃，在药捻燃烧达到一定温度后，通过施治者大拇指对患者身体上的相关穴位熨烫和揉捻按摩等方式，达到防病治病的有效目的（图3-47）。

何氏点熨灸治术操作简便安全、清洁环保，能最大限度地减少患者在熨烫时的疼痛感。此疗法能够将药性和药效直接通过热力传入患者的经络和穴位中，具有疗效直接，疏肝理气、养心安神、平衡阴阳的效果。

何氏点熨灸治术对民间中草药的加工、炮制、使用具有研究价值；对民间传统医疗方法的挖掘、保护、传承具有重要的研究价值；对民间传统治疗方法和使用发展具有文化和历史研究价值。

2019年，何氏点熨灸治术被列入第六批市级非遗代表性项目名录，现有市级代表性传承人1名。

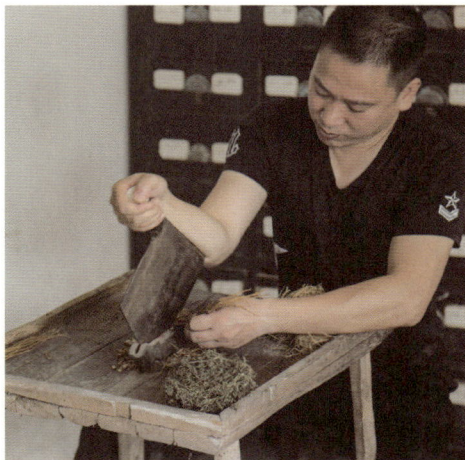

图3-45　切割中草药

图3-46　制作药捻

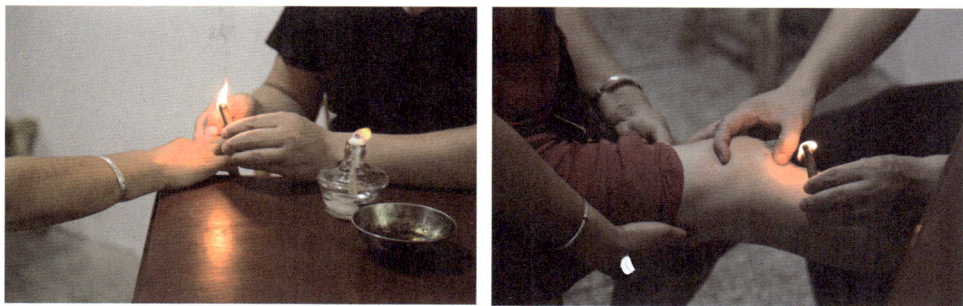

图3-47　对患者的手部穴位、膝盖穴位施治

民俗

尝新

　　人们世代相传的"尝新"习俗由来已久，据岳麓书社出版，海上编著的《中国人的岁时文化》中《夏小正》上"五月"篇中写着"菽蓁"，是五月有吃新的意思。朋友家人共度夏至时令，为此，"尝新"一词成为口头语，在荣昌一带逐步演化为以稻谷收获时吃新米饭为主的祭祀活动。荣昌大部分居民是"湖广填四川"而来，祖籍系两湖、两广、福建、贵州、江西等地，移民到这里后带来了较多的生产经验、生活习俗和民间传说等，与当地土著结合。

　　有关"尝新"的来历，据1988年版《中国民间故事集成·重庆市荣昌卷》刊载了《尝新的来历》一文：传说在很久以前，我国并未生产稻谷，相邻一个叫"洋国"的才有出产，并且谷粒从禾秆长到禾尖，但"洋国"四面都是汪洋大海。有一条很通灵性的狗，它知道了人们渴望得到谷种，于是就冒了风险去"洋国"的谷堆里裹了一身稻谷往回赶。可是，当狗一跳进海里，身上的谷子就往下掉，它急中生智，把尾巴翘出水面，于是便只剩下尾巴上几颗稻谷了。经过千辛万苦的跋涉，终于把谷种带回来。后来，人们为了不忘本，感谢那条狗，同时也庆祝丰收，每到稻谷成熟时，就要举行"尝新"仪式，其中的祭祀仪式包括敬天（图3-48）、敬地、敬狗（图3-49）、敬祖宗、尝新五个环节。

　　尝新仪式一般在夏至节气前后举行，具有浓厚的岁时文化特色。每年荣昌区都会举办不同规模的"尝新节"活动（图3-50）。

2007年，荣昌区尝新习俗被列入重庆市第一批非遗代表性项目名录。现有市级代表性传承人1名。

图3-48　敬天

图3-49　敬狗

图3-50　尝新节活动（祭祀仪式展演）

荣昌杀年猪习俗

荣昌白猪，是世界八大优良种猪、中国三大良种猪之一，1985年被列入国家一级保护品种。由于荣昌猪对差异大的地理、气候条件适应力强。耐粗食，易肥育，能大量利用青粗饲料。繁育性能好，瘦肉率高，具有优良的遗传素质。

荣昌区生猪养殖业十分发达，并形成了独特的年猪屠宰祭祀活动。一直以来，荣昌区屠工兼是养猪的农户。因此，在杀年猪时就形成了一整套祭奉祖师和家神的礼仪（图3-51），以达祈求保佑来年牧畜兴旺之目的。据中国电影出版社出版的《中国民间禁忌风俗》记载：民间杀猪亦有所禁忌。最流行的是杀年猪，杀猪忌说"杀"，称为"出栏"。

据史料记载，荣昌的年猪屠宰祭祀活动自清代至20世纪50年代初，专业屠帮和民间农户每年均要在杀猪封刀之日前举行。根据荣昌民间习俗称："杀七不杀八"（腊月二十九为"封刀之日"）。荣昌区自2007年以来，已举办年猪文化节活动十三届（图3-52）。

2009年，荣昌杀年猪习俗被列入重庆市第二批市级非遗代表性项目名录。现有市级代表性传承人1名，区级代表性传承人5名。

图3-51　年猪屠宰祭祀仪式

图3-52　荣昌区年猪文化节活动

窑王祭祀

安富街道是荣昌陶器的主产地。当地制陶艺人在上千年的制陶过程中，沿袭了一整套独具地方特色的文化传统，窑王祭祀就是其中之一。

"神农耕而作陶""虞帝陶于河滨"史实所载传为佳话，我国制陶工艺由来已久。荣昌制陶业中，向来有尧王天子、舜王大帝、开窑祖师、奇宝大王的祀神仪式。在夏兴窑窑王庙的神龛上供着窑王"尧筑"的石刻坐像，面容慈祥依稀可见。

据当地制陶老艺人介绍，窑主每次烧窑点火前都要举行或简单或隆重的祭窑王仪式，杀鸡宰羊，祭拜窑王，祈求"炉炉火候到，窑窑出精品"。至今在夏兴古窑窑王庙前（图3-53）的功德碑上，仍有清朝同治年间为古窑树碑立传的文字，依稀记录着当年的盛况。为此多年来安富街道形成了一套独具地方特色的窑王祭祀仪式。每年的农历八月十二是祭祀窑王的节日，其时人们聚集在窑场内，鞭炮齐鸣，鼓乐齐奏，共同祈愿神灵保佑。参与祭祀的主要有主祭人、赞礼师、窑工、旗手、乐手等，仪式包括叩拜窑王（图3-54）、窑王巡游（图3-55）、祭拜火神等流程。窑王祭祀体现了当地制陶艺人对窑王的崇敬之情。

窑王祭祀传承有上千年的历史，具有重要的历史价值。对于陶文化历史、民俗文化发展以及多种文化元素融合具有重要的研究价值（图3-56）。

2019年，窑王祭祀被列入第六批市级非遗代表性项目名录，现有区级代表性传承人1名。

图3-53　夏兴古窑窑王庙

图3-54　叩拜窑王

图3-55　窑王巡游

图3-56　隆重的祭窑王仪式

第四章

荣昌区级非物质文化遗产代表性项目名录

民间文学

万灵民间故事

民间故事是人们口头流传的，以奇异的语言和象征形式讲述人与人之间的种种关系，题材广泛而又充满幻想的叙事体故事。它们往往包含着超自然的、异想天开的成分，常采用比喻、夸张等修饰手法，艺术感染力极强。

荣昌万灵古镇是中国历史文化名镇，以丰厚的历史文化底蕴和旖旎的水乡风光而闻名。按故事种类分类，地名传说有：《万灵寺的传说》《路孔的由来》《金锣屋基的传说》《白银滩》《万灵啼血万灵村》《大荣桥的传说》（图4-1）等。人物故事有《四十八棺尚书坟》《赵宗楷赠衣任白戈》《铁罗汉传奇》《喻女的故事》《姚打鱼和陈子庄》等。生活故事有：《喋血七姑坟》《何阿四桥上遇仙》《沱湾码头镇妖》《赵秀才报恩》《魂归妃子桥》等。神话故事有：《二十四个望娘滩》《赵打鱼娶龙女》《感天动地孝子坟》《神秘的万灵楼》（图4-2）《万灵石的传说》《海棠香飘万灵河》《成仙得道十八梯》等，这些民间传说故事流传至今。

这些民间故事时代久远，伴随着古镇的成长而经久不衰，反映了本区域内人们的习俗、信仰及社会情况，具有一定的社会历史价值。

2015年，万灵民间故事被列入第二批区级非遗代表性项目名录，现有区级代表性传承人2名。

图4-1　万灵古镇大荣桥

图4-2　万灵古镇明清老街

传统音乐

夏布神歌

夏布神歌，是指过去的荣昌"夜夜机杼声，家家绩麻布"，人们白天在外劳作，回家又连夜赶织夏布，特别疲乏时就唱歌提神，因此形成了今天的"夏布神歌"，又叫苎麻歌。

当地人在织布时把传统的客家民歌与自己所从事的工作结合起来，创作了一系列富有情调和传神的民歌。主要是夏布织造工人晚间纺织夏布时提神，随口创作的歌谣，在盘龙镇曾经有许多人会唱，均是随口创作，随心而发。

其中的一首夏布（麻布)神歌唱道："幺妹（小妹）要勤快哟，勤快要绩麻。三天麻篮满哟，四天就崩了弦。上街就把机匠请。机匠一进屋，就把麻线牵，牵起就好刷。幺妹挽鱼子（织布工具)，机匠就来编。请个机匠二跛跛（技术不高明)，长地打来翻羊角，短的打来两头梭。几天才把麻线编，编起来就好染，染起做衣衫。青布来捆领，蓝布打托肩。衣衫做好了，幺妹拿起穿。穿起就好看。咿哟，幺妹啰，穿起象天仙"（图4-3）。

夏布神歌从劳动中来，又形象地再现了劳动场景，具有浓厚的生活气息，也继承了客家传统民歌不矫揉造作、感情真切自然等风格，把普通而平凡的劳动刻画得入木三分，加以比喻贴切、形象逼真，真实地反映和记录了客家人的情与志、爱与恨，虽是口头创作，但富有文学性、艺术性、哲理性，是客家移民文化中的精华，也从一个侧面反映了客家移民后代的生活状况（图4-4）。

2008年，夏布神歌被列入第一批区级非遗代表性项目名录。

图4-3　夏布织造技艺国家级传承人
　　　　颜坤吉演唱夏布神歌

图4-4　苎麻歌舞蹈

石工号子

石工号子，又称岩工号子、送石号子，是中国民歌体裁劳动号子的一种。流传于南方的开山采石工地，其中以重庆、四川、湖南、浙江、福建等省最为最普遍。作为一种传统民间音乐。

以昌元街道和远觉镇为地区代表的人们在生产劳动中形成了一种劳动歌曲，这种歌曲与劳动紧密结合，只有在劳作强度达到最高的时候才能歌唱，这种歌声称为石工号子，号子的内容都是现想现编，是劳作期间振奋人心的一种歌曲。

石工号子多为套歌结构形式。根据劳动程序，一般都包含有：到采石场时唱的"开场号子"；用大锤钻打巨石时唱的"大锤号子"；巨石开缝后用钻子、铁棒撬动石料时唱的"撬石号子"；用绳索将石料套好，四人或六人集体将石料抬走时唱的"抬石号子"等。

成套石工号子中的各个曲目，彼此间风格各异，如大锤号子多由劳动者在挥锤前唱出自由嘹亮的山歌性腔调，然后在举锤和落锤时唱出极有力的呼喊式歌腔，音乐粗犷豪壮。"撬石号子"，因劳动强度较轻，动作协调，曲式多为呼应式。"抬石号子"，因歌腔需配合集体步伐（分快步和慢步两种），节拍清晰、规整，节奏鲜明。

石工号子曲调大都与当地其他民歌特别是山歌有密切联系。劳动者也可根据不同劳动对象和周围的环境、气候及节气即兴编唱词，具有随意性特点。

2008年，石工号子（远觉镇）被列入第一批区级非遗代表性项目名录。2018年，昌元石工号子（昌元街道）被列入第三批区级非遗代表性项目名录。

清吹

荣昌清吹是巴蜀历史文化艺术的结晶，是勤劳善良的巴蜀人民聪明智慧的具体体现，其历史悠久，流传甚广。乐器多样，曲目丰富。

荣昌清吹由简单的吹奏到打击表演配合，由单一变成多种，再加上演唱风格独特，将民间传说和传统艺术的川剧加以改革，把剧本改成清唱，在打唱时加上表演，使之更加丰富、形象、具体，吸引广大观众。荣昌清吹以民间、民族乐器为主，吹打唱出民族传统音乐的调式和板式。具有朴素、实在，简单优美的自然特征。

荣昌清吹种类繁多，曲目丰富。据统计，分为大、小和一般吹打三大类，其中又分吹打乐、锣鼓乐、吹打唱及单吹四种；调子又分欢乐喜庆调、哀调、大悲调、平调、礼仪调、耍调、伴舞调、坐吹调、伴奏调九种；打击乐又分大打、小打、夹吹、三吹三打、站吹和坐吹。荣昌清吹具有较高的文化艺术价值，又具有较高的学术研究价值。

2008年，清吹被列入第一批区级非遗代表性代表性项目名录。

峰高山歌

山歌是劳动人民用来直畅而集中地抒发感情的民间歌曲，具有坦率、热情、奔放的音乐特点。其曲调一开始就出现全曲的最高音，热情洋溢，任其自由倾泻，而不需要多层次的铺垫或感情的节制，因而感人。

峰高传统音乐属众多项目之一，山歌是由两人领唱众人合，兴致一高声振山泽。若两队歌声相互应答，气氛更是活跃。在山歌中能了解到当时农村的生活，比如一首"一下田来吼一声，秧苗土地听原因，我把钱财烧与你，保佑禾苗早丰林"，能反映出当时农村生产落后只能请求大自然恩赐，对自然灾害不能抗拒。又如"说唱山歌我喜爱，翻山爬岭我都来，衣裳不穿披起走，鞋子不穿提起来"，是他们对山歌的热爱。山歌从其产生的那一天起，就以它独特的魅力成为广大劳动人民的情感载体，是研究本地区各个民族的历史、宗教、迁移、生产、生活、爱情、民俗的重要佐证。

2018年，峰高山歌被列入第三批区级非遗代表性项目名录。

川剧花锣鼓

川剧在唐代，被称为"川戏"。川剧花锣鼓是湖广填四川时由四面八方的民间艺人创建组合而成，其作为川剧中必不可少的一部分，与川剧一样历史悠久（图4-5）。

川剧花锣鼓的乐器有鼓板、签子、小鼓（图4-6）、二鼓、大锣、大钹、小锣、马锣、苏锣、苏钹、梆子、二星、包锣等，配合川剧的唱、念、做、打，可使演员的表演统一于一种特定的舞台节奏之中，在"打鼓佬"的统一指挥下，演奏出融洽、协调的音乐，展示其乐曲的艺术魅力。

川剧花锣鼓与川剧相辅相成，是川剧表演中更好地体现感情色彩和渲染气氛的重要音乐表现形式，具有重要的文化价值和艺术价值。

2021年，川剧花锣鼓被列入第四批区级非遗代表性项目名录。

图4-5　川剧花锣鼓表演	图4-6　川剧花锣鼓乐器：小鼓

传统舞蹈

狮舞

狮舞是中国传统舞蹈，也称狮子舞。《汉书·礼乐志》中记有"象人"一词，据三国时魏人孟康注释为"若今戏鱼虾狮子者也"，可见汉魏时期已有狮子舞的雏形，唐代后，狮子舞被引入宫廷，作为燕乐中的一个内容，名太平乐，又名五方狮子舞。河包镇的舞狮系列源自湖广下川时期，是广州舞狮队的分支之一。

狮舞流传至今，逐渐形成了各地区不同的风格与特色。改革开放之后，农村走向富裕之路，狮子舞得到进一步发展。清江镇狮子舞主要是武狮类，有高台狮子舞和地狮子舞（图4-7）。舞狮人动作有"睁眼""洗须""舔身""抖毛"等。它不但能在地上翻滚嬉戏，又能在高台上表演各种风趣的动作。表演时，演员在八仙桌上翻飞的同时，还兼耍"桌上筋斗""下爬点""悬桌脚""叠罗汉"等翻桌动作。

跳桌是整个表演中难度较高的动作，二三十张桌子相叠，跳桌到最高时，由九重桌子堆叠起来，最高的桌子的四只腿上，艺人就在这四只桌腿上跨步舞动，尽显绝技。狮舞集武术、杂耍、戏曲等多种表演手段于一体，具有极高的审美价值。

2008年，狮舞（河包镇）被列入第一批区级非遗代表性项目名录，现有区级代表性传承人3名。2014年狮舞系列高跷狮舞（清升镇）被列入第二批区级非遗代表性项目名录，现有区级代表性传承人1名。

图4-7　地狮子舞

彩船舞

船舞历史悠久，在宋代《太平广记》已有记载。不仅在民间表演，还经过改造成为宫廷舞蹈。据宋朝田况《儒林公议》上说，五代时前蜀皇帝王衍曾坐蓬莱山，以绿罗画水纹铺在地上，上置莲花，让跳舞的人乘彩船在绿罗上转动。宋朝时仿效这种方式，宫廷舞队中有采莲队，跳舞的人身乘彩船，手执莲花而舞，名称叫作采莲队舞。与此同时，民间划旱船也很盛行，不少记叙宋代风俗的著作都写到节日街头民间舞队中有划旱船演出。后历经移民文化的融合，荣昌的彩船舞形成了自己的特色。

彩船舞主要是在春节、元宵节等传统喜庆节日的时候表演，由群众架着彩船进行划彩船的表演，庆祝五谷丰登、太平盛世。一般由4~7人组成，一个车芯，两（四）个艄工，一个引子组成。引子主要起引导作用，艄工为配角，配以锣鼓和清唱，由车芯和引子领唱，其余人配（合）唱。彩船舞玩耍时要有划船的味道，唱词一般以四句为一段，四至八段为一节，每节之间有合唱，曲调婉转清秀，韵脚分明，美妙动听，有圆场、穿花、撑船、划船、摇橹、上滩、下滩等表现水上生活的动作。队形有扎四门、跑单凤、跑双凤等10余种。其中包含两次原地划船演唱和一段"卧滩"表演，"卧滩"是船被搁浅以后，以"太公"和"后摇婆"为主的若戏若舞的一长段表演，它包括"撒锚""放蓬""探沙""撬船""起滩"等系列表演，夹杂逗哏对白和哑剧动作，同时文武场面强弱相间，交替配合，演员尽情自由发挥，妙趣横生（图4-8）。

彩船舞对研究和发展巴渝传统舞蹈文化以及中国的传统舞蹈文化具有积极的推动作用，既具有文化价值，又具有一定的学术价值。

2008年，彩船舞被列入第一批区级非遗代表性项目名录。现有区级代表性传承人1名。

图4-8 彩船舞展示

肉莲花

肉莲花是昌元地区说唱和舞蹈兼容的一种民间艺术的缩影。在数百年前的清朝年间，由民间组织丐帮首创，民国期间相当盛行，中华人民共和国成立初期，由艺人王明章、王明金带领的肉莲花队伍参加昌元镇闹元宵活动独具特色，深受好评。

肉莲花是流行于昌元地区的一种边唱边舞的民间艺术形式。既可以一人表演，也可以多人同时表演。唱词针对什么人、什么事即兴而起，灵活多变。都是些恭维、祝福和取笑的词，如升官发财、生意兴隆、财源广进、儿孙满堂等。曲调一成不变，以四川方言音韵和小调为主要音调，肉莲花一般在传统的春节和民间的红白喜事中出现。表演者不用任何道具，用双手分别击打自己的左右肩、脚背等部位和击打脚板心作为唱词的节拍，同时配合舞蹈动作进行表演。

肉莲花通过多年的流传演变形成了以下基本特征：简便，即表演者不需任何服饰和道具，不择场地；易懂，即表演者以四川方言音韵为小调，唱词清楚，朗朗上口，清晰可辨；生动，表演时用手击打自己身体各部发出清脆的节奏声，配合舞蹈动作边唱边跳，唱词念白风趣、幽默，工整押韵，表演具有激情。

肉莲花是古老的巴渝文化的遗存，对增强人们的身体素质有积极作用，同时对于巴渝的传统文化具有较好的研究价值。

2008年，肉莲花被列为第一批区级非物质文化遗产代表性项目名录。

传统戏剧

川剧

川剧，是中国汉族戏曲剧种之一，流行于四川东中部、重庆及贵州、云南部分地区，备受广大川渝观众喜爱。

早在清末民初荣昌就有了川剧，主要形式是"玩友"坐唱。1935年全区各乡场有40余个川剧玩友俱乐部。与此同时，荣昌还有几个业余川剧戏班搭台化妆演出。1952年11月，荣昌组建川剧社团，吸收全区川剧艺人成立"荣昌区新生业余川剧社"，1953年取消"业余"二字，更名为"荣昌区新生川剧社"，成为区级集体所有制专业文艺团体，有专业演职员有40余人。1956年，剧社演职员增至77人，生、旦、净、末、丑各行当角色齐全，随之剧社又更名为"荣昌区川剧团"。为了演出需要，区政府拨款在原关圣殿旧址修建起川剧场。从此，川剧团正式营业公演。

川剧语言生动幽默，声腔美妙动人，具有浓郁的地方特色，深受广大百姓的喜爱。深厚的群众基础，融合说唱（图4-9）、表演（图4-10）、舞蹈、打击等多种表现形式，在巴蜀文化、文学、民俗等方面均具有重要的研究价值。

图4-9 川剧变脸

2015年，川剧被列入第二批区级非遗代表性项目名录。现有区级代表性传承人6名。

图4-10　川剧花锣鼓表演

亭子戏

亭子戏是中国传统戏剧艺术演化到民间的一种特殊的表演艺术，是河包地区乡民对戏剧形式的创新和发展。抬亭子戏源于明代河包的一项风俗。抬亭子戏是把舞台艺术转移到亭子的一种戏曲表演形式，是以能抬起行动的专制亭子为舞台。亭子大小以折戏人物多少而定，形态各异，有长方形、五角形、船形等。亭子为面积1.44~3平方米，架高1米的木架，下方钉上木板，四周罩上与亭上折戏内容相对的彩幛，如亭上折戏是"五台会兄"，则围幛上就画上五台山和五台寺以渲染折戏气氛。亭上可站折戏演员二至五人，一般四人抬走，亭上折戏演员多为也可八人抬走，既可一亭一戏，也可二亭或多亭一戏。如民间广为流传的《牛郎织女》《柳荫记》《五台会兄》《营内斩子》《断桥》等剧目都先后搬上了舞台。亭子戏具有浓郁的地方特色，是河包乡民独创的一种民间戏剧形式。它将典仪过程戏剧化，使河包乡民的节日庆典以一种独特的戏剧形式表现出来，深受广大群众喜爱。

2008年，亭子戏被列入第一批区级非物质文化遗产名录。

曲艺

车灯

　　车灯舞是车车灯演变而来的。早在明代时期，我国就有"车车灯"流传，至明清时期最为盛行。在春节、元宵节或其他节日活动，就会有车车灯表演。中华人民共和国成立后，车灯舞在车车灯的基础上得到了改进和发展。

　　名重一时的重庆荣昌的车灯舞，其发生、发展是社会进步的历史写照。以前的车车灯只有演员的表演动作，没有说白和唱词，令人有单调之感。创新后的车灯舞既有演员表演，又有说白和唱词，同时载歌载舞地搬上了舞台。1958年，重庆市荣昌区河包镇的车灯舞发展达到了高潮，在荣昌表演获得一等奖后，代表荣昌去江津地区参加演出，也获得了一等奖。之后一段时间，车灯舞受到了冷落，演员也解散了，直到1987年，车灯舞又重上舞台（图4-11）。

　　2008年，车灯被列入第一批区级非遗代表性项目名录。现有区级代表性传承人3名。

图4-11　车灯表演

道琴

　　道琴又名竹琴，北方称为渔鼓。在湖南、湖北、江西、浙江、山东、广西、陕西等地，都曾广泛流传。它原为道教布道的一种道歌，相传为东汉张道陵所创，用来宣传因果报应、劝世行善等宗教思想，由游方道士在各地演唱。表演者手持渔鼓、简板说唱故事。因其伴奏的乐器是竹制的渔鼓筒，故又称"渔鼓道琴""道筒"，清末民初即有现名，现流行于川渝汉族地区。竹琴长3尺，直径2寸，一端用鱼皮或猪小肠蒙上。演员斜抱竹琴，用指尖拍击竹筒下端，另一手持两块竹制的简板，板上端系有小铜铃，简板相碰时铃响板响，音韵铿锵（图4-12）。传统曲目近300余支，内容以三国故事居多。中华人民共和国成立后，对竹琴的传统唱本、唱腔、演技、伴奏进行整理加工，编写并演出了一批反映现实生活的新曲目，如《华子良传奇》等。

荣昌道琴是最能反映当地民俗的艺术形式之一，有很高的艺术价值。

2008年，道琴被列入第一批区级非遗代表性项目名录。

图4-12　道琴表演

清音

清音，是川渝民间曲艺品种，又称唱月琴、唱小调、唱琵琶等。由明、清时期的民歌小调融合多种说唱音乐和戏曲音乐成分发展而来，大多流行于本地广大农村，经过吸取地方民间歌谣等营养，各地自成一体，1930年后改为现名。最初多由女演员一人在茶馆书场表演。中华人民共和国成立后清音进入剧场舞台，改坐唱为站唱，并有对唱、合唱或独唱加伴等形式（图4-13）。

　　清音表演时演员左手打檀板，右手用筷子敲击竹鼓控制节奏及演唱速度，伴奏乐器有檀板、竹节鼓、琵琶、月琴、二胡、高胡等。清音音乐曲牌十分丰富，结构形式有单体、联曲体和板腔体。清音的传统曲目有600多个，大多根据小说、戏曲改编而来，有歌颂历史人物的，也有吸收各地民歌改编的。

　　清音的曲牌较丰富，有100多支。从曲牌的结构特点和运用方法来看，可分为联套体、板腔体和单曲体三类。伴奏音乐，是清音的重要组成部分，也是各地最具特色的部分，它和本地传统音乐融合在一起。伴奏音乐可以加强唱腔的色彩，使清音风格得到更突出的表现。

　　2008年，清音被列入第一批区级非遗代表性项目名录。

图4-13　清音表演

传统体育、游艺与杂技

路孔龙舟

　　龙舟赛，是一种古老的中国民俗活动，是汉族传统节日端午节的主要习俗之一。端午节被当地民众又称为"龙舟节"和"粽子节"等，其最早的起源是在炎夏沐浴兰汤以祛疫避瘟，这种习俗可追溯到夏朝，《夏小正》"五月"有"蓄兰"的记载。而龙舟竞渡和吃粽子是端午节中可以排解恐惧、制造愉悦的行为。

由于路孔镇地处濑溪河畔，是历代重要的水运口岸，当地民众特别注重一年一度避邪祈福的龙舟竞渡。

路孔镇以公众禳灾为主，每条船一般由桨手20人、舵手一人、鼓手一人、旗手一人组成竞渡队（图4-14）。龙舟赛主要按照以下程序进行：四月八日揭篷打船；五月初一龙舟下水，举行下水前祭祀的活动；五月初四晚禳灾仪式；五月初五龙舟竞渡。相关器具包括龙舟、笙、唢呐、萧、竹笛、二胡、磬、大小鼓、锣、钗、钹、香烛纸钱以及鞭炮等。路孔端午龙舟活动对研究龙舟制作工艺、民俗、路孔节庆文化、民族器乐具有参考意义。

2008年，路孔龙舟被列入第一批区级非遗代表性项目名录。现有区级代表性传承人2名。

图4-14 传统龙舟赛

荣昌民间摔跤

中国式摔跤是中国最古老的体育项目之一。古代称为角力、角抵、相扑、争跤等。早在四千年前的黄帝时代就有了古代摔跤活动。

荣昌民间摔跤讲究上、中、下三盘合拢，先要练熟基本功。上盘：支、横、盖、涮；中盘：崴、拽、走、胯、入；下盘：抽、踢、盘、跪、过（图4-15）。中国式摔跤与传统武术不同，武术注重套路的练习，而摔跤则没有套路可言，全凭现场根据形势随机应变。要尽可能多地学习各种"绊子"，以便在实战中知道如何破解。

2015年，荣昌民间摔跤被列入第二批区级非遗代表性项目名录，现有区级代表性传承人2名。

图4-15　中国式摔跤表演

高台杂耍

高台杂耍是一种杂技，主要流传于荣昌区清江镇境内。

清江镇的黄氏家族是清代康熙年间从广东梅县移民入川而定居于该镇，黄氏家族崇尚武术，并长期研习舞狮和杂技艺术相融合，经过世代的传承和创新演变，形成了现在独具特色的清江黄氏杂技艺术。现存的表演内容主要有高台狮子舞（图4-16）、高台空翻（图4-17）、牙叼功夫、水火流星等，音乐和传统习俗等相结合，具有浓郁的地方文化特色。

2015年，高台杂耍被列入第二批区级非遗代表性项目名录，现有区级代表性传承人1名。

图4-16　高台狮子舞

图4-17　高台空翻

黄氏轻功

　　黄氏轻功是属于清江黄氏杂技中的一项重要杂技表演。

　　独具特色的清江黄氏轻功杂技艺术（图4-18）现存的表演内容除高台杂耍外，还有赤脚踩鸡蛋、气球、灯泡等。

图4-18　黄氏轻功杂技艺术

2014年，黄氏轻功被列入区级第二批非遗代表性项目。现有区级代表性传承人1名。

硬气功

硬气功是属于清江黄氏杂技中的一项重要杂技表演。

硬气功表现形式主要包括：腹部碎石，表演者仰卧于铁钉板或玻璃碴上，腹部上放厚30厘米的条石，由他人用铁锤将条石击碎，手拍密封啤酒瓶盖，瓶底脱落，啤酒由底部泄出（图4-19）。钢丝缠颈，表演者手执直径0.5厘米钢筋一条，用颈部力量将钢筋缠于颈上数圈，然后逐圈松开。还包括手臂碎砖、钢枪刺喉等（图4-20）。

2015年，硬气功被列入第二批区级非遗代表性项目名录。现有区级代表性传承人1名。

图4-19　手拍瓶盖

图4-20　手臂碎砖（上）、钢枪刺喉（下）

水火流星

　　水火流星是清江黄氏杂技中的一项重要杂技表演。

　　水火流星是用一根两至三米长的绳子，两端各系两个铁丝网兜，网兜里装上点燃的木炭，表演者站立或俯卧于地上，绳索握于手中，在肩部、背部、胯下旋转舞动，随着表演者的旋转表演，木炭越燃越旺，火借风势、火围人转，在夜幕下那星星点点的火星四处飞溅，形成一道道火圈（图4-21）。

　　2015年，水火流星被列入第二批区级非遗代表性项目名录。现有区级代表性传承人1名。

图4-21　水火流星表演

荣昌邱氏养生拳

荣昌邱氏养生拳是一种集传统武术、武术文化、养生、健身功法于一体的地方特色拳种。该拳主要由武当紫宵派传人吕紫剑（1893—2012）武林前辈历经百年对道家长寿、养生术的探讨、总结，针对人体生理医学及中医对人体阴阳、气血、脏腑、骨骼、经络学之理论体系研讨、剖析后编创的一套养生、健身运动拳法。后经吕老前辈悉心传授给嫡传弟子邱延良，邱延良将吕紫剑大师所传功法雏形系统地整理后命名为"邱氏养生拳"，并于2012年正式命名为"武当方圆养身太极拳"（图4-22）。

2013年10月15日，邱氏养生拳法获中国武术协会、中国民间武术家联谊会、中华太极文化国际总部专家组评委审定，正式向全国以"全民健身拳种"予以推荐。2014年9月，被中国老年大学协会远程教育工作委员会评为"全国老年远程教育优秀教材"。

2015年，邱氏养生拳被列入第二批区级非遗代表性项目名录。现有区级代表性传承人1名。

图4-22　邱氏养生拳套路展示

陶家拳

陶家拳的动作简单，攻防含义明确，各式形姿小巧玲珑，节奏严谨，技法刚健有力，勇猛雄厚，朴实无华；起落动静分明，动如风，站如钉，气走丹田，以静制动，一招一式非攻即防，手法干脆利落，起横落顺，身法自然；整体套路结构紧凑，手、脚、眼、步、身法协调一致，自始至终行在一线。拳重步健，虎步生风，拳脚相照，柔中带刚；手不离胸，肘不离肋，打前顾后，灵活多变（图4-23）。

2018年，陶家拳被列入第三批区级非遗代表性项目名录。现有区级代表性传承人4名。

图4-23　陶家拳套路展示

吕氏养生拳

吕氏养生拳传入河包镇已逾二百年，系河包镇转龙社区9社（原汉旺村7社）吕如归、吕金相、吕玉梁家的族拳，后传于其子孙及邻居。

吕氏养生拳在荣昌地区有着悠久的历史，丰富的内容，广泛的群众基础和深远的社会影响。吕氏养生拳第一路：预备势、金刚捣碓、懒扎衣、六封四闭、单鞭、掩手肱锤、十字手、倒卷肱、退步压肘、抱头推山、三换掌、双震脚、玉女穿梭、白猿献果、雀地龙、上步七星、退步跨虎、转身双摆莲、当头炮等73式（图4-24）；吕氏养生拳第二路：预备势、金刚捣碓、懒扎衣、六封四闭、单鞭、搬拦肘、跃步护心锤、煞腰压肘拳、飞步拗鸾肘、高探马、连环炮、白蛇吐信、转身六合、伏虎、抹眉红、风扫梅花等69式。

2018年，吕氏养生拳被列入第三批区级非遗代表性名录。现有区级代表性传承人1名。

图4-24　吕氏养生拳套路展示

僧门拳

　　僧门拳系由河南嵩山少林寺108号禅房僧人于清朝年间传于重庆李家老人，第四代传人王海青传于荣昌熊洪举老拳师，熊老再学于李家。尽得此拳秘奥，至此始在世上流传。此拳自成一体，生于僧家，故以僧门名之，以示不忘根本。

　　僧门拳的动作攻防含义明确，动作短小灵便，拳法紧密，藏而不露，伸缩翻滚，吞吐浮沉，爬擒短打，挨肩挤靠，十六字为主。腿法高不过腹，以下盘为主，地盘脚下灵活多变。身法全是扁身进取，劲力以脆劲为要，练劲不练力，用法上将就"后发制人"，脚到手到。训练手段有：摇肩、甩手、提、挝、刮、两箭捶、阴阳飞捶、劈手、铁砂掌、铁砂锤、筷子功、铁锥功、上桩功、翻滚术、羊尾龙心脚。

　　僧门拳理认为"起脚半边空"，意为但凡一只脚击人，只剩一只脚支撑身体，身桩必然不稳而易遭人攻击。所以提倡"高练矮踢"，练习时可踢高一些，但实际搏击时一般只踢下盘（裆部以下部位），绝对不过中盘（腰腹部位）。

　　此拳现存四套路：一路为"单鞭救主"；二路为"挝峰"；三路为"转门"；四路为"勾扒四轮"（自立）；器械套路包含少林单刀、少林棍等。

　　2018年，僧门拳被列入第三批区级非遗代表性项目名录。现有区级代表性传承人2名。

蒋氏回春拳

　　蒋氏回春拳是我国传统拳术内家拳的一种，是由蒋一鸣、蒋二贵、蒋三登三代蒋氏祖辈传承，两百年来代代口授心传，至今传至蒋朝忠已是第六代。该拳结合了传统导引、吐纳的方法，强调修身养性，注重练意、练气、练形三者之间的紧密协调。在平静的状态下练习时，一方面可使自己心静如水，另一方面也锻炼了肌肉和筋骨，疏通了经络，还能通过逆腹式呼吸与动作间的相互配合，对内脏加以按摩锻炼，起到人体内外兼练的作用。

蒋氏回春拳的特点：呼吸吐纳，以意导气，以气导形。相似太极，不似太极。文武兼备，刚柔相济，养生为生，修身养性（图4-25）。配以高中低架势运动，加上重心交替变换，运行动作又多搂拗、屈膝、绞转等，使各肌肉的肌力及肌耐力得以提高，能有效改善各关节的柔韧度。

2018年，蒋氏回春拳被列入第三批区级非遗代表性项目。现有区级代表性传承人1名。

图4-25　蒋氏回春拳套路练习

岳家拳

岳家拳是我国南宋民族英雄岳飞所创，并由其四子岳震、五子岳霆及其部将、士兵传出。在宋、元、明、清各朝代流传盛行，明清时期称为岳家少林拳或少林岳家拳，在我国多个省份广泛流传。

岳家拳套路大致分为拳法、枪法、六腿、步法、精打练习法、五门六路法、手法、敌对法等（图4-26）。岳家拳历经叶久安、夏光才、朱老凯等数代传承至今，仍流传于川渝地区。

内外兼修为习练岳家拳的一大宗旨，只有做到由内及外，才能元气充足、体魄雄伟、动作敏捷、发力沉实，从而达到内外合一、心动形随、式断气连。因此，岳家拳在武术、养生、中医以及哲学方面都具有重要研究价值。

2021年，岳家拳被列入第四批区级非遗代表性项目名录。

图4-26　岳家拳套路展示

八卦掌

八卦掌，又称游身八卦掌、八卦连环掌，是一种以掌法变换和行步走转为主的中国传统拳术，是中国传统武术当中的著名拳种之一，流传很广。八卦掌由河北省廊坊市文安人董海川创于清代末期。

由于它运动时纵横交错，分为四正四隅八个方位，与"周易"八卦图中的卦象相似，故名八卦掌。有些八卦掌老拳谱常以卦理解释拳理，以八个卦位代表基本八掌（图4-27）。

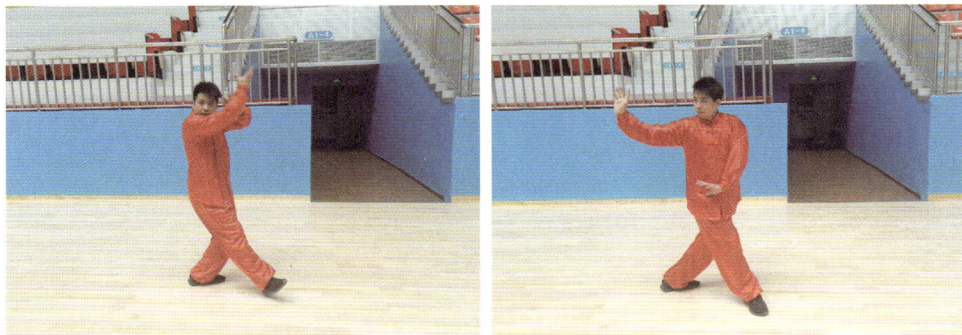

图4-27　八卦掌套路展示

八卦掌以沿圈走转和趟泥步、剪子腿、稳如坐轿、扣摆转换以及避正打斜等招式有别于其他拳术，并且在治病、内功、技击和涵养道德方面有明显效应。

2021年，八卦掌被列入第四批区级非遗代表性项目名录。

形意拳

形意拳，又称行意拳，中国传统拳术之一。虽起源说法不一，但广泛认可的最初创始人是明末清初山西蒲州人（今永济市）姬际可。形意拳创立之初叫心意六合拳，即心与意合、意与气合、气与力合、肩与胯合、肘与膝合、手与足合。

形意拳基本内容为三体式桩功、五行拳和十二形拳。三体式为形意拳独有的基本功和内功训练方式，有"万法源于三体式"之称。五行拳结合了金、木、水、火、土五行思想，分别为劈拳（金）、钻拳（水）、崩拳（木）、炮拳（火）和横拳（土）；十二形拳是仿效十二种动物的动作特征而创编的实战技法，分别为龙形、虎形、熊形、蛇形、骀形、猴形、马形、鸡形、燕形、鼍形、鹞形、鹰形。因此，形意拳在武术、养生方面都具有重要价值（图4-28）。

2021年，形意拳被列入第四批区级非遗代表性项目名录。

图4-28　形意拳套路展示

传统美术

根雕

　　根雕，是一种雕刻方法，是中国传统雕刻艺术之一，是以树根（包括树身、树瘤、竹根等）的自生形态及畸变形态为艺术创作对象，通过构思立意、艺术加工及工艺处理，创作出人物、动物、器物等艺术形象作品。

　　荣昌区安富街道的张军政的根艺作品耐人寻味，表现出的情感真挚而细腻，具有形体美、根材美、色泽美及实用性等特点。有着极大的实用价值和艺术价值，其作品可大致分为根艺美术品、根艺装饰品、根艺实用品三类。其中，根艺美术品又可分为：树根雕、竹根雕、根造型；根艺装饰品分为：根艺床饰、根艺壁饰、根艺花架、根艺盆景；根艺实用品分为：根艺拐杖、根艺文房四宝、根艺家具。

　　根艺作品的制作分为以下五个流程：第一，上山选材。一般要选材质坚硬，细腻的材疙瘩和树枝桠。第二，观材看形。观察素材的质地及形状，利用自然根的形态体现生机勃勃的生活特征。第三，擦拭和修饰。根据选材的形态，把多余的部分裁掉，裁多不行，裁少也不行，要恰如其分。第四，打磨抛光。对已经雕刻过的根体采用砂布和木锉进行打磨和抛光（图4-29）。第五，上漆烫蜡。这是根艺作品不可缺少的一道工序。

　　2008年，根雕被列入第一批区级非遗代表性项目名录。现有区级代表性传承人2名。

图4-29　根雕作品创作

韩氏民间建筑彩绘绘画技艺

建筑彩绘是中国传统建筑的重要组成部分，随建筑的兴起而诞生，兴盛于唐宋时期。建筑彩绘的作用包括保护建筑、美化建筑物、权力阶层的象征、建筑类别的划分以及民风民俗的体现（图4-30）。

民间彩绘颜料制作是一道独特的工艺：选矿石材料、研磨色粉、调制胶水、调制颜料。在使用时加胶成水性颜料，加油成油性颜料，依照建筑物情况选用水性或油性颜料，可以自己依据情况调节颜料的干湿浓淡，调节颜色色调，简便、实用、耐久，具有独特的艺术价值和人文价值（图4-31）。

2021年，韩氏民间建筑彩绘绘画技艺被列入第四批区级非遗代表性名录。

图4-30　韩氏民间建筑彩绘

图4-31　韩氏民间建筑彩绘

传统技艺

荣昌陶陶刻书法技艺

荣昌陶器工艺精湛细致，外形优美典雅，色彩绚丽光洁，装饰古朴大方，美观实用。在漫长的发展岁月中，荣昌制陶人以其独有的勤劳智慧，创造了数不清的产品，既有实用性，又有艺术性，不少产品令人称绝，成为名副其实的陶器精品。而展现出来的则是其中所蕴含陶艺的"四美"：造型之美、烧制之美、雕刻之美、釉色之美。

荣昌陶陶刻书法技艺是对这一中国特有的传统艺术在陶器上的一种表达方式，是体现其雕刻之美的一种重要的陶刻技法，陶刻书法技艺以陶器为载体，刻刀为笔，在半干或全干的胚体上按照陶器各种造型分别施艺，手写或拓印上字画，画面要求清晰而层次分明，再利用平底或斜体刻刀在胚体上刻制（图4-32），将中国书法艺术直接书刻在陶体上；书法的功力，诗词的韵味，文字的优美，使其在实用的基础上更具有艺术收藏价值和经济价值（图4-33）。

2018年，荣昌陶陶刻书法技艺被列入第三批区级非遗代表性项目名录。现有区级代表性传承人7名。

图4-32 荣昌陶陶刻书法技艺展示（作者：吴华生）

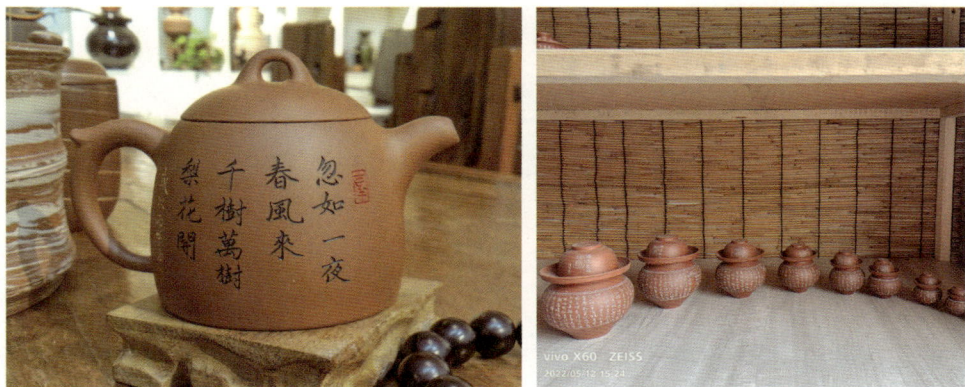

图4-33　荣昌陶陶刻作品（作者：李骏如、李长久）

荣昌陶柴窑烧制技艺

　　荣昌陶器在国内陶业界中是四大名陶之一，有着极高的艺术价值，有"薄如纸、亮如镜、声如磬"的艺术特点，享有"泥精"之美誉。

　　随着历史的变迁，荣昌陶器制作技艺也有着迅猛的发展和变革，陶器烧制技艺已呈多样化，柴窑烧制是一种既古老又现代的技艺，即使在技术设备发达的今日，古老的柴烧技艺依然受到荣昌制陶人的追捧。

　　传统柴窑烧制上一直采用松木，松木富含松脂，在燃烧过程中挥发出来的松脂对陶器有滋润作用。其烧制原理是通过不断添加柴火，使窑中的器皿慢慢受热，加上炉内陶器釉料的有机结合，使烧出来的陶器釉面含蓄、滋润（图4-34）。柴窑烧制的陶艺作品与一般窑的差别在于：灰烬和火焰直接窜入窑内产生落灰，经高温融熔成自然的灰釉，其色泽温暖，层次丰富。具有质朴、浑厚、古拙的美感。

　　随着现代技术水平的发展，荣昌陶器的烧制方式变得更加多样，但传统的烧制方法仍然以其独特的艺术韵味受人喜爱，既有悠久的历史价值，又有深厚的文化价值和古朴的艺术价值。

　　2018年，荣昌陶柴窑烧制技艺被列入第三批区级非遗代表性项目名录。现有区级代表性传承人6名。

图4-34　荣昌陶柴烧作品（来源：鸦屿工作室、吉芬窑）

土陶烧制技艺

传统的土陶烧制技艺在荣昌区已存在800多年，辖区高瓷村二社现存生产土陶阶梯窑五座，其中三座还维持着正常生产经营。

生产制作工艺：采挖泥码，经日晒，粉碎，碾压成原始泥料，制作师傅用脚不断踩压，使泥更有黏性，存腐七天后拉坯，一边用手成型，一边用脚蹬坯车。半成品采取自然脱水，半干后，再接上面坯体，直至半成品成型（图4-35）。当半成品含水量低于10%时施釉。含水量小于5%时，可装窑，装窑按不同规格混装，确保窑炉饱满，利于烧制过程中保火。点火后，烧窑师傅再根据不同温度段，掌握加煤量，整个过程中分为小火，中火，大火，关键温度300度、800度、1200度时，利用观察孔注意温度变化，操作不好会出现产品炸裂等现象。一般十二仓窑炉烧成时间为十五天左右。第一仓闭火后，利用预热烧制第二仓，十二仓闭火后，从第一仓出窑，试水，检验合格产品。

土陶制品主要以罐、坛、盆、缸为主，其产品中，泡菜坛泡菜清脆，不变色，无白霜，无火风。酒坛促进酒的脂化成熟。缸盛装浓酸、浓碱不炸缸，不脱层，日晒雨淋不龟裂（图4-36）。具有一定的艺术价值和使用价值。

2018年，土陶烧制技艺被列入第三批区级非遗代表性项目名录。现有区级代表性传承人2名。

图4-35　土陶泡菜坛坯

图4-36　土陶大酒缸

青砖瓦制作技艺

青砖、青瓦和饰件的制作，流传于吴家镇吴氏家族。吴氏砖瓦传承多代，相传吴氏祖先靠制陶维持生活，吴氏一支于清末光绪年间逃荒来到荣昌，在这个地方发现陶土后，便定居了下来，取名吴家镇，重操旧业，重振家业，并把青砖瓦制作技艺传给子孙后代。从那时起，吴家镇有了土陶制品作坊，并带动周围人们开始制作青砖、青瓦，发扬光大。

青瓦饰件制作工艺包括：选料，原料采用当地特有的一种红色的陶土；粉碎，其中矿土经过粉碎碾磨达到一百目；练泥，经过练泥后，才能制作出优质的饰件制品；制作，根据饰件的品种、规格，经过工艺师手工雕塑成古朴、典雅的饰件制品；烧制，采用古法烧制，土窑经历高温烧成、倒烟、水洇焖青、出窑，历时10多天时间。青瓦饰件品种繁多，主要用于古建筑物及古建筑修缮。主要作品有大吻、垂首、仙人、跑兽、花脊以及影壁心。

青砖青瓦具有透气性极强、吸水性好，保持空气湿度，耐磨损，耐腐蚀，抗冻性好，不变形不变色等综合"透气性、吸水性、抗氧化、净化空气"等特点（图4-37），具有一定的历史价值和使用价值。

2018年，青砖瓦制作技艺被列入第三批区级非遗代表性项目名录。

图4-37　青砖瓦房

鸡毛掸子制作技艺

　　仁义镇石梯子鸡毛掸子工艺传承近百年。民国时期，社会动荡、民不聊生，石梯子村村民罗志云先祖为求生计远走他乡，后学得鸡毛掸子制作工艺，回乡传授给乡民并发扬光大（图4-38）。

　　石梯子村鸡毛掸子以其精美的样式和实用性深受广大家庭喜爱，既可作装饰又可掸灰尘。石梯子村以家庭手工作坊为主，由家中青壮年到全国各地售卖制作好的鸡毛掸子，而妇孺长辈则在家中制作。

　　鸡毛掸子有着不同的作用与寓意：雄鸡角胜，目能辟邪，瓶与平同音，鸡与吉同音，所以古代有将鸡毛掸

图4-38　鸡毛掸子

子插在瓶子里寓意平安吉祥。从古至今，尤其是腊月打扫房子，还在沿用长杆的鸡毛掸子。

石梯子村鸡毛掸子精选雄鸡身上最鲜艳、最光洁部位的鸡毛，经过消毒、手工分类细选，按羽毛长短由长至短一片一片用针穿起来，再用绳子在加工好的竹竿上一圈一圈密密缠绕，最后对鸡毛掸子进行美工处理，每一道工序都由手工完成。兼具收藏与实用价值，是中国传统民间工艺品。

2018年，鸡毛掸子制作技艺被列入第三批区级非遗代表性项目名录。

硬木地屏艺术框雕刻技艺

硬木地屏艺术框雕刻是从古典家具延伸过来。

木作工艺在长期的发展进程中逐渐完善，在较发达地区，随着社会经济不断发展，人们对木作产品的要求不断提高，使得木作工艺朝着精细的方向发展，最终形成了今天的精细木作工艺。制作工艺大致分为选木、木工、雕刻、打磨，其制品特征是由文人和工艺娴熟的匠师共同设计，整体造型和装饰图案都有深刻的文化内涵和象征寓意，结构布局则有极高的视觉审美追求。经久耐用，适于长久保存，制品的材料多选用强度和硬度较高的硬木木材（如柏木、红木等），制口上变化无穷的曲线和严谨的榫卯结构组合，均依赖世代相传的匠师以精细的木作工艺来实现（图4-39）。

图4-39　硬木地屏艺术框雕刻

2018年，硬木地屏艺术框雕刻技艺被列入第三批区级非遗代表性项目名录。现有区级代表性传承人1名。

棕衣制作技艺

棕衣制作是一项流传于河包民间的传统技艺，已经有几百年的历史了。每逢赶集日和节假日，一些从事棕衣制作的村民把棕衣制品拿到河包场镇及周边地区售卖，棕衣能够遮风挡雨，既实用也耐用，深受百姓欢迎（图4-40）。

棕衣制作程序：先从棕树上割取棕，然后将棕晾晒分类，一类棕做衣领，二类棕做里子，三类棕用于放绳子，第四类做胚子。然后开始制作棕衣，将棕在桌上放成型，用棕绳连接起来，在两面勾制成型。棕衣制品系百姓生活中的必需品，具有较高的使用价值，在编制工艺上具有一定的艺术价值。

2018年棕衣制作技艺被列为第三批区级非物质文化遗产项目名录。

图4-40　棕叶制品：棕刷、棕衣

竹编技艺

河包竹编历史悠久，民国时期到中华人民共和国成立后的六十年代，河包有竹编厂，现在的个体户能够制造的物品有装酒的酒桶、花麻篼、花提篼、花锅盖、鱼箅箅、笆篓、簸箕、筛子、鸽笼、鸽箱、花背篼、娃娃背篼、烘笼、席子等竹制品。

以制作打席子为例。备料：砍竹子，选择无花黄、无干疤的3~4年的慈竹。划篾条：用篾刀趁湿竹将整筒竹子破开成两半，刮竹青。起黄篾：篾刀将竹子最里层黄篾起掉不要，然后起第二次，叫二黄篾，起第三次，叫三黄篾。二黄三黄都可以用来打比较粗糙的席子。上等席子全部用青篾打。打席子：即从席子的最中间开始起头，斜着向两个方向打，按宽度定型。在四角结束。勾边子：将即将完成的席子锁边。编人字路：在席子最外一圈增加一排人字形。插边子：将所有篾挑的头插入席子里面，不外露（图4-41）。

图4-41　竹编制作技艺

由于竹编所需的材料楠竹、慈竹、水竹、观音竹等系河包所产，取材便宜，所编制的各种竹编制品具有划篾条薄、匀等作品精细、图案丰富的特点（图4-42）。

2018年，竹编技艺被列入第三批区级非遗代表性项目名录。现有区级代表性传承人2名。

图4-42　各种竹编作品展示

旱烟制作技艺

旱烟是我国历史最悠久的烟草制品，既有多种晒烟经回潮压片切丝而成，也有将单种晒烟研碎而成的，在河包已有几百年的历史。

旱烟制作需在每年5至9月份批采摘烟叶，采回家后用绳索吊吹，干后经多道工序制作而成。种烟叶的时候，上一些牛粪、驴粪之类的肥料，助其成长；烟叶长成后，采摘下来，几个叶子一捆，放在太阳下晾晒；等烟叶发软变黄后，再把烟叶打捆包好做简单的发酵，时间一般为两三天；然后重复晾晒、再打捆发酵。如此反复，直到烟叶晒干并呈黄褐色为止。完成后堆放收藏，这个过程也是发酵的过程，年限越长使用效果也好，越陈越香。等抽的时候，无需要加工，切丝、撕裹或揉碎即可。

2018年，旱烟制作技艺被列为第三批区级非物质文化遗产名录。

泥塑及彩绘

泥塑艺术是我国一种古老常见的民间艺术。我国泥塑艺术可上溯到距今4千至1万年前的新石器时期。它以泥土为原料，由手工捏制成形。或素或彩，以人物、动物为主。泥塑制作流程如下。

备泥加工：把泥土去掉杂质，用木槌、木棒敲砸捣炼，让泥土达到合适的湿度，以不粘手为佳。搭内骨架：搭制骨架常用木板、铁丝、钢筋、铁钉等，泥塑的骨架像人的骨骼一样，起着支撑和连接的作用。上大泥堆大形：上泥时，将泥块一块一块地堆贴在骨架上，用手按紧，拍实，然后层层加泥，用木槌或拍泥板将泥砸实贴牢。深入塑造：在大的形体与比例准确的基础上，便可进行深入塑造的阶段。随着局部和细部的深入，使泥塑的体量逐渐到位。调整统一：在调整统一阶段就要把它调整到整体的大关系上来。最后是将干燥后的泥塑作品施以彩绘，从而形成彩绘泥塑工艺品。

泥塑艺术是民俗的重要品种，是我国的珍贵的传统文化表现形成，经世代锤炼，形成了地域性颇强的造型模式，是民间艺术的绚丽瑰宝，是人民勤劳和智慧的结晶。其表现手法率真而朴实，稚拙而有情趣，具有浓郁的地方特色（图4-43）。

图4-43　泥塑及彩绘

2018年泥塑及彩绘被列入第三批区级非遗代表性项目名录。现有区级代表性传承人3名。

清江草编技艺

清江镇的草编工艺（草鞋）要追溯到汉朝至三国时代，因巴蜀盛产水稻，而水稻所产茎秆除了用于取暖外，没有多大的用处。后来战争连年发生，物资缺乏，当时一户姓向的人家无意中用水稻茎秆盖于身上取暖，后来向姓人家就用水稻茎秆做起了草席、草帘、草帽、草鞋（图4-44）等。后经世代传承，该镇的晏氏草编草鞋具有一定的代表特性。其工序大致为：选用原料稻草，必须是当年产还中稻茎秆。经过打压，揉制成为编织草鞋原料。上机头（用木头制作）用麻制作的子分成几线，打上菜油后编制（图4-45）。

图4-44　草编制品（草鞋）

图4-45　草编技艺

　　清江草鞋选料精良，用料细心，要用当年中稻茎秆并通过打压、揉制，才能得到精细的制作草鞋的原材料。清江草编艺术的形成与发展反映了地方思想和社会习俗，折射当时本地的社会面貌和人文精神，因此具有一定的历史研究价值。

　　2018年，清江草编技艺被列入第三批区级非遗代表性项目名录。

木制水车、木犁技艺

　　水车是古代中国劳动人民发明的灌溉工具。水车在中国农业发展中有很大贡献，它使耕地地形所受的制约大为减轻，实现丘陵地和山坡地的耕田开发。不仅用耕田于旱时汲水，低处积水时也可用于排水。后来作为农业建筑物，深受农民喜爱。水车外形酷似古式车轮（图4-46）。轮辐直径大的20米左右，小的也在10米以上，可提水高达15~18米。轮辐中心是合抱粗的轮轴，以及比木斗多一倍的横板。一般大水车可灌溉农田六七百亩，小的也可灌溉一二百亩。水车省工、省力、省资金，在古代可以算是非常先进的灌溉工具。

　　木犁用于农田或旱地的耕作，古代用畜力牵引。2000多年以前西汉的农具图谱，便有木犁的记载。那时中国农民制造的木犁，已经达到了相当高的水平。木犁有一张犁铧，由犁尖、犁镜、犁床、犁托、犁柱等多部件组成，木犁的下端有用来翻土的略呈三角形的铁器，称作犁铧。木犁后端竖起弯曲的木柄可以供人手扶，掌握方向。木犁一般分旱犁和水犁两种，旱犁的俗名为"箭犁"，粗大牢固，有一个形状为"箭"的构件，因此而得名；水犁的构造简单、轻便，俗名叫"独犁"（图4-47）。

　　2018年，木制水车、木犁技艺被列为第三批区级非物质文化遗产名录。

图4-46 木制水车

图4-47 木犁

莫式面塑

中国的面塑艺术早在汉代就有文字记载，经过几千年的传承和经营，可谓是历史源远流长，早已成为中国文化和民间艺术的一部分，也是研究历史、考古、民俗、雕塑、美学不可忽视的实物资料。

荣昌区境内的莫式面塑艺术的口诀是："一印、二捏、三镶、四滚"，还有"文的胸、武的肚、老人的背脊、美女的腰"。面塑体积小、便于携带，又经久不霉、不裂、不变形、不褪色，因此广受大众喜爱（图4-48）。

面塑品种极多，且目的、用途各不相同，面塑贯穿于人民日常生活和精神世界的各个领域，直接反映劳动人民的思想感情和审美趣味，显示劳动人民的聪明智慧和艺术才能，具有一定的社会价值和文化价值。

2021年，莫式面塑被列入第四批区级非遗代表性项目名录。

图4-48 莫式面塑作品

蒲式夏布筘制作技艺

荣昌夏布在编织过程中，主要经过打麻、挽麻团、挽麻芋子、牵线、穿筘、刷浆、织布、漂洗及整形、印染等工序。而夏布筘则是穿筘过程中必不可少的一个工具，夏布的宽度也由夏布筘的大小决定。夏布筘属纯手工制品，是织机上将纬线推向织口的机件，夏布筘将牵好线的一端逐根穿过梭子，用竹片串联固定在羊角架上，另一头套在活动的物体上，拉开一定距离，然后用木制的羊角架等高的三角架，将牵线摊开刷浆。经纱多少，以夏布筘数量而定，织布时每织一根纬线，筘就要下压一次，如此往复，直至一张夏布纺织完成（图4-49）。

2021年，蒲式夏布筘制作技艺被列入第四批区级非遗代表性项目名录。

图4-49　夏布筘板制作技艺

蔡氏双面带编织技艺

双面带兴起于百年前，因其花色精美、生活用途广泛，逐渐成为当地妇女手工制作的潮流。起初，双面带主要用于捆绑婴儿，有着"子孙带"的美名，随着时代的发展，双面带也成为结婚回礼的一种，便也流传着"喜带"的称号。双面带也因其普遍性，被人们多用于生活，如：围裙带、背带等。样式花色经老辈人琢磨探究、手手相传至今。

蔡氏双面带做工精细、花色丰富多样，花带两面花色一致，不同的花色需要不同的刀数，根据花色可复杂可简单（图4-50）。双面带是精美的手工编织艺术品，且用途贴近生活，具有一定的社会价值和实用价值。

2021年，蔡氏双面带编织技艺被列入第四批区级非遗代表性名录。

图4-50　蔡氏双面带系列作品

木雕

木雕是雕塑的一种。荣昌区位于国家级森林公园岚峰森林公园山脚下，辖区内森林覆盖率达到48%，森林资源丰富，植被种类繁多，木雕以香樟木、松木、山白杨为主，也有用柏木、红木（花梨木）、水曲柳、水杉、云杉、红豆杉、山杨、榆树、桦木、楠木、青岗等，特别是在岚峰山坡上生长的灌木林，因森林保护，树木生长时间长，木质坚硬，木质好，最适合做木雕的木材。为木雕艺术提供了丰富的创作材料。

木雕技艺的历史源远流长。木雕艺术构思精巧，内涵深刻，是具有独创性，能反映作者审美观、艺术方法和艺术技巧的作品。木雕的创作方法除了与其他雕塑材料一样，是用形体来表现客观世界的人和物，或写实或夸张或抽象，还要结合利用木材的特性，从原始材料的形态属性中挖掘美的要素，以充分体现木雕艺术的趣味和材质美（图4-51）。艺术木雕的题材内容及表现形式一方面取决于作者的艺术素养及兴趣爱好，另一方面取决于木材的天然造型和自然纹理，也就是"因材施艺"。艺术木雕的表现手法丰富且不拘一格，有大刀阔斧、粗犷有力；有精雕细刻、线条流畅；有简洁概括，巧用自然美。好的木雕艺术不仅是雕刻家心灵手巧的产物，也是装饰、美化环境、陶冶性情、令人赏心悦目的艺术品，具有较高的收藏价值。

2014年，木雕技艺被列入第二批区级非遗项目名录。现有区级代表性传承人1名。

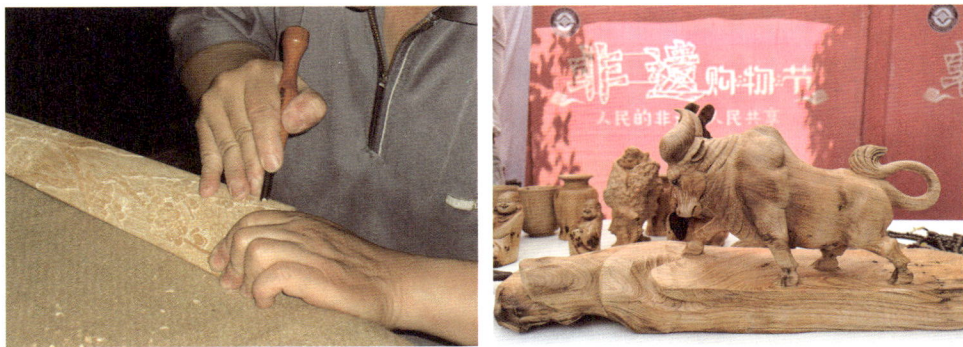

图4-51　木雕作品

核雕

核雕一般意义是指以核桃，或者各种果核为创作载体，创作者顺应果核的形状和纹理，通过雕、凿、刻、钻、镂、挖、挑等技法，雕刻成小巧玲珑的艺术品。

荣昌区吴氏核雕主题涉及历史典故、神话传说、传统戏曲、名人传说。核雕工艺的创作因形制宜，创作者必须以丰富的想象将紊乱的果核纹理构思成型，例如桃核雕，核桃的纹理大小不均，长短不齐，分布不匀，增加了创作的难度。另外，果核的外形也限制了核雕艺术品的造型，从古到今，核雕作品的外形大多是花瓶形、花篮形、船形、猴形、果核原形等，后来也发展到一些茶壶、马车等。荣昌区核雕代表作有《甲子轮回佛珠》《水浒108将脸谱》《八仙过海》《红楼十二金钗》《十八罗汉》等（图4-52），具有较高的民俗文化研究价值。

2014年核雕被列入第二批区级非遗代表性项目名录。现有区级代表性传承人1名。

图4-52　核雕作品

土法造纸

荣昌土法造纸是袁氏家族历代传承，靠此生存的一门技艺。在20世纪二、三十年代袁学渊将这门技术在荣昌区甘河沟（现荣昌区广顺街道黄家冲村）发展运作，他的弟子们在荣昌长冲，泸县方洞，隆昌石碾、油房等地分别办厂。

荣昌土纸可分为两类：一类是用鲜竹、石灰，通过土法造纸，用于民间祭祀、庙会、宗教活动（图4-53）；另一类是用5~6个月龄的鲜竹，通过土法造纸工艺做出产品，用于小学生学习毛笔字和练习艺术画、人头像画等。具有一定的文化价值和使用价值。

2014年，土法造纸被列为第二批区级非物质文化遗产项目名录。

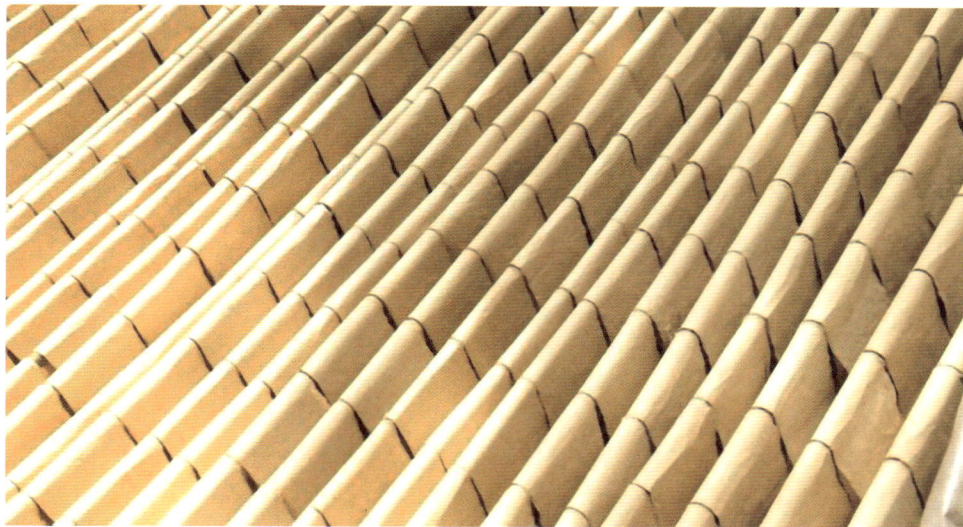

图4-53　土法造纸工艺（晾晒）

髹漆技艺

　　髹漆是雕漆工艺中的一道工序。

　　髹漆工艺流程：打底子（或做底子）、刮面漆、磨砂皮，再连续多次擦漆。家具每上一次漆，晾干后就要砂纸打磨一次，然后再上漆、打磨，这样的工序需要反复十几次。在此过程中，家具要多次被送入荫房，在一定的湿度和温度下，漆膜方能干透，一套家具需要一个月左右的时间才能完成全套工序。

　　髹漆工艺是中国传统家具制作工艺中对木质家具进行保养与美化的一种手段。从天然漆树中采割生漆，对古典家具进行上漆的操作，保留木质天然木色与自然纹路。生漆工艺是一种绿色天然的制木技艺，对环境污染小，对人体危害小，但相对来说是一种比较耗时耗力的古老技艺，具有一定的使用价值、观赏价值、美术价值和收藏价值。

　　2014年，髹漆技艺被列入第二批区级非遗项目名录。现有区级代表性传承人1名。

龙狮制作

　　龙狮制作是因为中国老百姓自古就有舞龙舞狮的习俗。

荣昌扎大龙起源于唐朝，先是草龙，后变为金龙，最后才演变为大龙。使用竹子、麻绳、皮纸、白纸、细扎丝、颜料、毛笔、布匹、清漆、刀、蜡烛等制作成龙、狮子，用于民间开展舞龙舞狮表演，庆祝百姓生活四海升平、五谷丰登。

2014年，龙狮制作被列入第二批区级非遗代表性项目名录。现有区级代表性传承人1名。

雕刻技艺

雕刻技艺是雕、刻、塑三种创制方法的总称。指用各种可塑材料或可雕、可刻的硬质材料（如木材、石头、金属、玉石、玛瑙等），创造出具有一定空间感的可视、可触的艺术形象，借以反映社会生活，表达艺术家的审美感受、审美情感、审美理想的艺术。

雕刻艺术起源于新石器时代早期，古代先人们从石器的制作过程中获得雕刻技术的训练，并孕育着雕刻艺术的才能和审美观念，又从陶器的制作中获得制作人物和动物的造型功能。从事雕刻艺术的工匠利用最原始最简单的工具创作了圆雕、浮雕、透雕和阴刻技术（图4-54），制作出各种形象。在荣昌万灵区域内，一直有从事雕刻的艺人，他们对泥塑、竹雕、石雕、象牙雕、玉雕、玛瑙雕刻都有一定的艺术造诣。雕刻技艺具有重要的艺术价值和文化价值，对于民俗、民间文化传承和发展起着重要作用。

2014年，雕刻技艺被列入第二批区级非遗代表性项目名录。现有区级代表性传承人1名。

图4-54　雕刻技艺

石雕

　　东汉时期，佛教传入中国。由于佛教艺术的盛行，使宗教石雕得到较快发展。民间石雕、工艺石雕、建筑石雕逐渐成为石雕艺术的主流。明清时期石雕艺术除广泛用于建筑石雕以外，小型佛像、陈设小品、印纽等观赏性作品也极为流行，石雕题材形式多样，技艺精湛，达到很高的艺术成就。

　　石雕种类十分丰富，主要有园林雕塑、建筑雕塑、雕像、石雕工艺品几大类。石雕工艺讲究造型逼真，手法圆润细腻，纹式流畅洒脱（图4-55）。

　　2014年，石雕被列入第二批区级非遗代表性项目名录。现有区级代表性传承人1名。

图4-55　石雕作品

纸扎技艺

　　纸扎是将扎制、贴糊、剪纸、泥塑、彩绘等技艺融为一体的一项民间艺术。

纸扎起源于汉代丧葬习俗，其前身是用于殉葬的俑人，用纸扎的人形在特定场合焚烧，以取代陶木俑。丧葬习俗中送纸钱、烧纸样是取悦鬼神、安慰亲属的做法，所以丧葬扎俗发展为"喜俗"形式，使祭祀体现了浓厚的人情味，体现了强烈、朴素、纯真的感情色彩与和谐的氛围。

纸扎内容繁多，荣昌区河包地区明清时期以草扎闻名遐迩，主要以扎龙为主，辅之以水、旱八仙、花船、鱼兵虾将、乌龟等，成形后无不栩栩如生，惹人喜爱。制作工艺以扎龙为例，龙的长度为一节一米，一般为九节或十一节，最大的二十四节，其口含一晶莹圆珠，名曰太平龙（游龙），属吉祥物，龙身直径有一尺的，有一尺二寸的。扎龙所用材料是篾条，龙身糊纸，再绘制上各种颜色（图4-56）。纸扎技艺对历史、绘画、雕塑、手工技艺以及民俗文化研究有着重要的学术价值。

2008年纸扎技艺被列入第一批区级非遗代表性项目名录。现有区级代表性传承人1名。

图4-56　纸扎技艺：龙头制作

焰火架

　　双河焰火架是巴渝民间传统艺术的结晶，是勤劳善良的巴渝人民聪明智慧的具体体现，是民间纸扎工艺的一朵奇葩，其历史悠久，起源于南宋时期。焰火架内容丰富，最多可制造成高1.5米、内空1.2米的六角型或圆筒型。焰火架人物形象鲜明，根据题材设计安装，可装十二折，主要展现故事、人物、动物等图形。造型以人物题材为主，即男、女、老、少、达官贵人、商人、农夫、学士。场景包含战场、园林、山、水、空中、室内、室外、茶园、酒馆。动物主要有飞禽走兽、花鸟等。题材包含古代忠孝仁义、尊老爱幼、礼仪仁慈、吉祥如意、平安幸福、风调雨顺、兴旺发达、爱情甜蜜、忠贞不渝为内容的传说经典故事，每一折都是一个完整故事，形象鲜明。

　　焰火架制作流程大致可以分为选竹、划篾条、搓麻绳、调糨糊及胶水粘接、制作造型、制作引线（引子）、制作亮子药、制作隔板、制作花板、制作花筒、制作外桶、装桶、燃放。焰火架燃放时通体透明，造型风格多样，烟雾缭绕，五光十色，千种声响，犹如仙境。

　　2008年，焰火架被列为第一批区级非物质文化遗产代表性项目名录。

罗盘定位找水法

　　农村修建住宅，找水工作是每家每户都非常重视的，没有好的水源，即使修建了住宅，也会导致人畜饮水困难，农作物歉收减产。罗盘定位找水法这种风俗习惯，改善了我们的居住环境，影响了一代又一代人。其主要特征有：使用工具简单，定位准确，发掘的水源丰富，具有独特的动土祭祀形式，特别适用于偏远农村居民用水找水需要。

　　2014年，罗盘定位找水法被列为第二批区级非物质文化遗产代表性项目名录。现代区级代表性传承人1名。

羊肉汤

　　盘龙羊肉汤是流传于川渝地区的一道特色美食。

盘龙羊肉汤色香味俱佳，在国内享有盛誉。各地宾客来到盘龙，均要品尝盘龙羊肉汤。盘龙羊肉汤的特点是：色泽光亮，汤乳白色，汁浓不显油光，香味浓郁，肉质脆软，鲜美可口，食而不腻，营养丰富，不膻不腥，味道鲜美异常。盘龙羊肉汤在继承传统配料的技术后，经多年的实践摸索、创新，自创了羊肉系列：蒸、炒、烧、汤锅等，已成为盘龙一绝，闻名遐迩。

具体制作流程分为挑选活羊、宰杀羊、剥皮、剔肉、分割、漂水、熬汤，其中熬汤最为重要，将漂水洗净后的羊肉、内脏一起放入锅内，锅内盛水要适量，一并放入老姜、花椒等调料。用猛火熬（如仍有膻味可倒入适量白酒），熬出香味来，直到能取出骨头为止。重要的一环是将汤面上的一层血沫除去，否则会影响汤的色泽和味道。等到客人来用餐时，根据客人的需求，将肉和内脏切成片，用漏勺装上切好的食物，放在汤锅里烫热，倒入盛汤的容器中，加适量味精、盐，最后撒上葱花，吃时浇上胡豆瓣海椒，一钵香喷喷的"盘龙羊肉汤"就做好了（图4-57）。

2008年羊肉汤被列入第一批区级非遗代表性项目名录。

图4-57　羊肉汤

猪油泡粑

猪油泡粑是荣昌区地地道道的名特小吃，以"荣昌白糕"的身份进军重庆名特小吃系列，它是由石磨磨细的米粉、发酵粉、土鸡蛋、猪油、白糖等佐料精制而成。

制作工序大致分为：先将大米泡透，泡胀，按冷热气候，用清水泡4～10小时左右，后经大筲箕过滤，再用清水冲漂，使其无酸气，无馊味。用5%的优质黄豆，去壳碾碎，泡胀，过滤漂洗。后用5%洁白的大米，只烧不蒸，其目的是起到回甜和软绵的作用。将泡透的大米、黄豆碎粒及生坯子冷饭混合，泡在适量的清水中，用石磨缓缓地推成细米浆，加入猪化油、鸡蛋、白糖在发酵的米浆内，然后将它们倒在大缸子中。用未蒸完发酵的米浆少许，作发酵剂，见到发酵鼓泡不绝时，架大火烧甑脚水，在蒸笼里先放好小篾圈圈数十个，用纱布垫好，将发酵的米浆，舀在小圈内，盖上蒸笼盖，立即用大火猛蒸10～15分钟，泡粑完成（图4-58）。

用石磨磨细的米粉，再加上本地鸡蛋和猪油蒸出来的猪油泡粑，味道清香纯正，油而不腻，营养丰富，软绵回甜又细嫩，色泽素净，过夜不变质，给人以美的享受。

2008年，猪油泡粑被列入第一批区级非遗代表性项目名录。

图4-58 猪油泡粑

黄凉粉

黄凉粉是重庆的一种大众化食品，荣昌黄凉粉主要分布在荣昌区昌元街道。

黄凉粉切成土豆样的细丝，竟能成条不烂，软而不断，且口里有豌豆的清香味，使凉粉成了当地极受欢迎的小吃。

荣昌黄凉粉用豌豆做成，其色金黄，加工方法大致为：将豌豆洗净，浸泡后用石磨或磨浆机磨成粉浆，用纱布和箩筛过滤后，用木棒搅匀，待其沉淀后，除去上层清水，将中层水粉及底层坨粉分别盛入容器内，置大火上，待锅中水粉烧沸时，用搅棒不停地搅动。待浆能呈片状流下且锅中不断起小泡时，即熟。将煮熟的粉浆舀入面盆内，待冷却后再翻扣于案板上，即成黄凉粉（图4-59）。

荣昌黄凉粉质细柔嫩，颜色金黄，筋力绵软，明而不透，细而不断，调料配味，更具匠心。荣昌黄凉粉之所以出名，不仅仅是凉粉制作独具特色，更主要的是拌料十分考究。拌料有辣椒、花椒、生姜、葱叶、冰糖等掺和制成的红油，以及精选大蒜捣制的蒜泥，可谓色、香、味俱全，独具风味。

2008年，荣昌黄凉粉被列入第一批区级非遗代表性项目名录。现有区级代表性传承人2名。

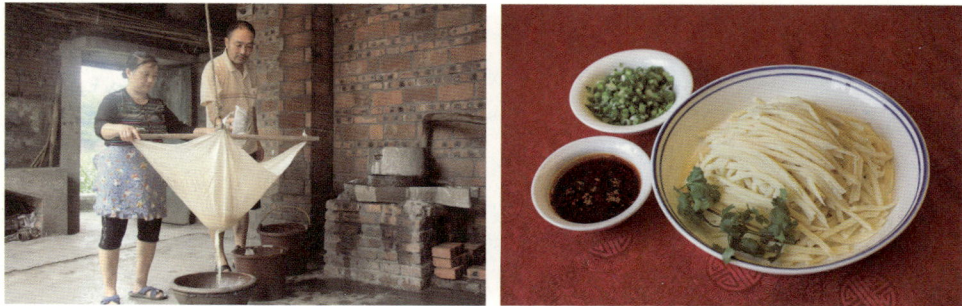

图4-59　荣昌黄凉粉制作技艺

直升白酒酿造工艺

荣昌直升白酒酿造工艺历史悠久，据八石（音旦）粮张氏宗族史记：明初洪武四年（1371年）冬，汤和大将军入川平定明玉珍所建夏国，直达重庆府路过祖师店（现直升镇），在此安营扎寨长达数月，当时天气极度寒冷。其手下一将名为张三峯（号张富三）擅长煮酒，观其水土认定此地能出好酒，故教部分兵卒烤"田坎酒"，其香芬芳、味纯正。后张三峯镇守重庆府，留其家人于此地教众人开槽房（现白酒厂）煮酒，当时有三处，分别位于黄泥坳、高碑、祖师店。槽坊渊源居昌州府（荣昌区）之首，时至明清时代更为兴旺（《填四川》电视剧中有体现）。2008年时，直升镇就有白酒厂8家，规模位居全区之首，故而享有"白酒之乡"之美誉。

直升白酒属固态法小曲白酒，是中国蒸馏白酒的重要组成部分，发展历史悠久，酿造生产过程工艺复杂，劳动强度较大。生产上除对火候、温度、湿度等要求严格外，从高粱浸泡到出酒需要5次以上转运（图4-60）。小曲白酒以粮谷为主要酿造原料，小曲为糖化发酵剂，经蒸煮培菌、续糟发酵、蒸馏、陈酿、勾兑而成，其出酒率高、发酵周期短、醇香清雅、糟香宜人、回味协调、余味清爽。

2014年，直升白酒酿造工艺被列入第二批区级非遗代表性项目名录。现有区级代表性传承人3名。

图4-60　直升白酒酿造工艺

清真牛肉制作

明末清初，清流镇本地回族人民就有制作清真牛肉习俗，至今最具代表性的就是三巴汤（图4-61）、传统卤牛肉（图4-62）。肉牛饲养时间一般在1年左右就可以宰杀，饲料以青草为主。

传统卤牛肉是用鲜牛肉放在肉桂、丁香、八角等香料的汤锅里卤制而成。三巴汤是以牛的嘴巴、尾巴、牛鞭为原料，配搭适量的当归、沙参、大枣、枸杞、三芍等十几味中药，用土沙罐慢火煨炖六小时以上方可食用。刚出炉的"三巴汤"色鲜味美、清香宜人，具有活血生津、滋阴壮阳之独特功效，它是人们固本保肾、强身健体的上乘食补品之一。

2014年，清真牛肉制作被列入第二批区级非遗代表性项目名录。

图4-61　清流三八汤

图4-62　传统卤牛肉

传统制茶

荣昌区清升镇古佛山社区地处荣昌南部边陲，距县城14公里。辖区自然资源得天独厚，荣昌最高峰古佛山脉主峰海拔711.3米的三层岩坐落在这里，山上森林、竹海、茶园以及果林长廊风光宜人。这样的一个天然宝库，孕育着片片绿意盎然连绵不断的茶园，也正因为地处偏僻，海拔高，这里的茶叶清香，味道纯正。

古佛山手工制茶技艺起源于清朝光绪年间。据记载，山区民众世代事茶，长期的茶事交流与生活交往，使得这里多种制茶技艺自然融合，并在民俗生活中形成独特的茶文化。20世纪60年代，在专业茶叶科技人员的指导帮助下，制茶人挖掘、研究传统制茶技艺，对传统工艺进行优化整合，探索、制定了一套完善的工艺流程和技术标准。制茶工艺大致分为采摘（图4-63）、摊晾（图4-64）、杀青、二炒（图4-65）、出锅、烘干等。现有天岗玉叶、岚峰松针、春箭、山原春等十多个知名品牌。

2014年，传统制茶被列入第二批区级非遗代表性项目名录。现有区级代表性传承人1名。

图4-63　茶叶采摘

图4-64　茶叶摊晾

图4-65　炒茶

豆豉鱼制作

　　制作清江豆豉鱼首先需要1~2公斤重的清波鱼，把鱼宰杀后洗净，切成小方佗，码味5分钟，用纯米粉（优质米）与鱼搅拌均匀，把竹制蒸笼装上均匀的小方鱼佗，蒸3~5分钟后起锅，出笼，收汁，准备好泡姜泡椒和豆豉，复在上笼蒸15分钟后出笼（图4-66）。

　　清江粉蒸豆豉鱼集中表现在色、香、味、鲜，而鲜又特别体现在鱼的本质上，让人吃之后久久还能回味，先后获得"荣昌名特小吃"和"重庆市名特小吃"称号。

　　2014年，清江豆豉鱼制作被列入第二批区级非遗代表性项目名录。现有区级代表性传承人1名。

图4-66 荣昌区首届清江豆豉鱼大赛现场（左），清江豆豉鱼作品（右）

荣昌糟酒酿造

　　糟酒，又叫醪糟、甜酒。是汉族特色传统小吃。传统醪糟制作技艺源于清代，属于江南地区的传统小吃。醪糟本是南方产米区以糯米加甜曲制成的发酵食品，距今已有近百年的历史。它在荣昌"落户"后，经过经营者多年的实践和再创造，在配料和加工中增添了鸡蛋和牛奶，为醪糟增添了浓郁的地方风味。荣昌醪糟是家家喜爱的小吃。

　　荣昌糟酒酿造技艺将高粱酒制作和传统醪糟制作巧妙地结合了起来，经过勤劳的荣昌人民不断创新，将醪糟中加配高粱酒、中药材等，再进行一定时间的窖藏，形成了独具地方特色的糟酒酿造技艺。糟酒味道醇厚，口感清甜，深受当地广大百姓的喜爱，甚至经常作为高级宴会的一道甜食。

　　醪糟经糯米发酵而成，夏天可解暑。其酿制工艺简单，口味香甜醇美（图4-67）。糟酒富含碳水化合物，还含有人体所必需的营养成分，如蛋白质、脂肪、钙、磷、铁、多种氨基酸、维生素和有机酸，香甜可口，因此深受人们喜爱。在一些菜肴的制作上，糯米酒还常被作为重要的调味料。具一定的文化价值、中医研究价值。

　　2014年，荣昌糟酒酿造被列入第二

图4-67 （醪糟）甜酒粑粑

批区级非遗代表性项目名录。

荣昌艾粑制作技艺

艾草即清明菜，又名鼠耳草、田艾等，艾粑的制作历史久远，相传南宋时期，元兵入侵潮汕地区，百姓流离失所，饥寒交迫之时，发现荒野之中有一种野草不但具有特殊的香味，还可以充饥果腹，便有了吃清明菜艾草的开始。后传明朝建文帝"靖难之变"后从南京流落到贵州，得知艾粑主料是清明菜，非常喜爱，于是艾粑又传至安顺，再传到贵州铜仁地区及毗连地带，重庆地区就有了吃艾粑的习俗，艾粑的名声渐盛。

艾粑是荣昌区万灵镇一种极具特色的小吃，是采摘艾草的嫩叶和着糯米做成的粑（图4-68）。春节前后，是艾草长得最繁茂的日子，采摘艾草，洗净煮熟捣碎，揉入糯米粉做成面团，用当地一种形似竹叶的叶子包好，放进蒸笼，经一定时间的蒸煮，艾粑变成了深绿色。艾草具有一种特殊的青草香，做出的艾粑自然也是香糯可口，备受大众的喜爱。早前的清明节除了扫墓等习俗外，艾粑还用来祭祖、避病、驱邪等。艾粑的制作技艺具有重要的历史人文价值，对于民俗民间文化传承有着重要作用。

2018年，荣昌艾粑制作技艺被列入第三批区级非遗代表性项目名录。现有区级代表性传承人1名。

图4-68　艾粑、猪儿粑

油炸汤圆制作技艺

河包镇始建于隋唐，历史悠久，文化底蕴深厚，是古昌州府临时行州所在地，油炸汤圆是当地特色小吃，在河包已经有几百年的历史。

制作油炸汤圆需要糯米、骨头汤、鸡蛋、花椒、胡椒、老姜、小葱等原料。制作工艺主要是：用水把糯米泡涨，然后用磨推，用纱布吊干，加入

图4-69 油炸汤圆

熟芡粉搅拌，搓成条形，用手捏圆后，放入菜油锅中炸熟，炸熟的糕点放进骨头汤，盛到碗中，放少许花椒粉、胡椒粉、老姜、小葱，即可食用（图4-69）。糯米含有丰富的蛋白质，维生素等，一般适用于早餐、点心，适宜各类人群，尤受儿童喜欢，至今在甜品店还有售卖。

2018年，油炸汤圆制作技艺被列入第三批区级非遗代表性项目名录。现有区级代表性传承人1名。

糖画制作技艺

糖画是河包镇民间传统的小吃之一，糖画顾名思义就是用糖作"画"，又叫糖关刀、倒糖人儿。

糖画这一民间艺术虽属小技艺，但却源远流长，传承至今已有四百多年历史。糖画的制作用料考究，手法丰富，题材广泛。糖画艺人坐在摊前，先将炼制过的糖加热熔化，然后面对洁白如玉的大理石板，执勺在手，静气凝神，运腕走勺，流糖如丝。艺人灵巧的手腕通过抖、提、顿、放，时快时慢、时高时低，可制作出各种飞禽走兽，戏剧人物等图画。待糖画凝固后，用一根竹签粘合支撑，拿在手上既可观赏又可食用。糖画融物质与精神享受于一体，人们赞之为"观之若画，食之有味"。糖画物美价廉，是大人小孩都喜爱的艺术食品（图4-70）。

2018年，糖画技艺被列入第三批区级非遗代表性项目名录。现有区级代表性传承人1名。

图4-70　糖画制作技艺

麻圆制作技艺

　　明末清初，由于战乱，荣昌人口锐减，随着移民填川运动带来了麻圆制作技艺，本土文化和移民文化的融合，使得麻圆制作技艺与其他地方有所不同。

　　麻圆主要原料有糯米、芝麻、饴糖（麦芽糖、清水糖）、麻圆药（葛根水）。制作工艺大致为：泡米，即将选好的糯米泡1个月；磨米，将泡好的糯米磨成浆，用纱布包好吊干；蒸熟，即将吊干后的米浆蒸熟后放入锅中，加入葛根水搅拌，使用微火，约搅拌半个小时左右；冷却，即搅拌后舀起来，用簸箕装好并摊开冷却，冷却时间约2天；切片，即将冷却好的米粑切成三角形或长方形的片，阴干；炒制，即将阴干后的切片放入锅中，用河沙炒，炒泡后起锅，裹上覃糖、芝麻即可食用。其产品香甜可口，深受老百姓喜爱（图4-71）。

　　2018年，麻圆制作技艺被列入第三批区级非遗代表性项目名录。现有区级代表性传承人1名。

图4-71　麻圆

灰水粑制作技艺

　　灰水粑是一种地方特色传统小吃。河包镇灰水粑是民间流传了几百年的一项传统技艺，主要由糯米粉、饭米粉和稻草灰熬制沉淀后的清水制作而成。先用谷草烧灰，后用灰熬水，用白布过滤，沉淀过后产出清水，用清水搅拌饭米粉，配少量糯米粉，搅拌适度后，置于热锅中拌熟，搓成圆形状，放置蒸笼中蒸熟即可（图4-72）。灰水粑吃起来甜嫩可口，有一股淡淡的稻香。

图4-72 灰水粑

2018年，灰水粑制作技艺被列入第三批区级非遗代表性项目名录。现有区级代表性传承人2名。

脆麻花制作技艺

河包脆麻花是当地特色小吃。麻花在制作过程中，选料精良，配方考究，制作手法严格。麻花以河包小麦磨制的头箩面（即精粉）为主料，以当地产的菜籽油、盐、白糖、鸡蛋等为辅料，采用河包民间传统的面粉酵块发面，加入适量的食用碱或苏打粉，经掺水和面、反复揉面、匀揪面剂、面剂擦油、卧缸存放、分板打

图4-73 脆麻花

畦、搓条上劲、扭股成型、入锅油炸、翻拨整形、出锅淋油、化熬糖汁、添加辅料、二次冷却、存放等工序制成。麻花成品具有香、酥、脆的特点（图4-73）。

河包麻花通常分为油酥麻花和普通干麻花，以咸味为主，沿用传统技术工艺生产、销售，有五谷香、爽心甜、到口酥、家常脆等四种口感，其中五谷香和爽心甜以甜味为主，且甜而不腻；到口酥和家常脆以咸味为主，脆而不碎。麻花条形均匀，色泽金黄，香甜酥脆，根据顾客需要可调整尺寸，广受大众欢迎。

2018年，脆麻花制作技艺被列入第三批区级非遗代表性项目名录。

清江百草花蛋制作技艺

　　清江镇地处重庆市西部，与四川省泸县交界。清江百草花蛋是当地手工艺小吃，制作原料包括胡豆杆灰、用各种鲜花阴干后制作成的原料、药酒和土鸭蛋。清江百草花蛋与普通的皮蛋有相似的制作技艺，但由于采用不同的原材料，使得产品不但具有口感鲜滑爽口的特点，还有一股淡淡的花香味道，深受百姓喜爱（图4-74）。

　　2018年，清江百草花蛋制作技艺被列入第三批区级非遗代表性项目名录。现有区级代表性传承人1名。

图4-74　清江百草花蛋

蒋氏白砍兔制作技艺

　　荣昌蒋氏白砍兔是四川传统特色菜肴，属于川菜系列中的凉菜，经过上千年的传承，在明代逐步发展成熟，清代后期经过蒋氏的逐步实践改良之后，形成了荣昌本地现在的独特风味，独树一帜。蒋氏白砍兔营养丰富、肉质细嫩、味道鲜美，制作工艺考究，佐料丰富，集烹制与调味二者于一体，最大限度地保持了兔肉的原汁原味。其制作方法大致可分为：选兔、选料、宰杀、入锅、晾干、熟兔分解、制作佐料等。制成后色泽白净，肉质鲜嫩，麻辣酸甜爽口，芳香扑鼻，成菜色泽诱人，其味悠长（图4-75）。

　　蒋氏白砍兔是一道历史悠久的本地传统特色名菜，对本地的生产生活、饮食习俗具有一定的研究参考价值；独特的饮食习惯和本地的传统调味品也反映出地方的民俗文化特点，具有一定的文化价值。

图4-75　蒋氏白砍兔

2018年，蒋氏白砍兔被列入第三批区级非遗代表性项目名录。现有区级代表性传承人1名。

荣昌白鹅烹制技艺

荣昌白鹅历史悠久，据荣昌县志记载，早在清光绪年间，荣昌白鹅已被列入全县重要特产之一，1989年被列入国家级保护鹅种，2012年成功注册国家地理标志商标。

荣昌卤白鹅鹅肉的营养价值非常高，高蛋白、低脂肪，富含多种人体必需的维生素和微量元素，被世界卫生组织评为健康食品排行榜肉食榜之冠。荣昌区烹制艺人利用鹅身上的每一个部位做菜，同时根据客人口味设计不同风格的菜品，从菜谱、调料、烹饪手法等方向，把握菜肴色、香、味，适应了当代人对食品的审美和口味需求。目前，已创新出一百多道精致菜肴，深受广大消费者喜爱。产品品牌"三惠鹅"成功列入"重庆第二批老字号"（图4-76）。

2018年，荣昌白鹅烹制技艺被列入第三批区级非遗代表性项目名录。现有区级代表性传承人2名。

图4-76　卤鹅美食文化节活动现场鹅系列菜品展示（膁子鹅掌）

椿林火锅底料制作技艺

清道光年间，重庆的筵席上开始有了毛肚火锅，从当年江北码头船工们自创的陶炉煮汤料烹制毛肚等无人问津的牛下水开始，到小贩们担着挑子沿街叫卖的"水八块"简易火锅，直至被宰房街马氏兄弟于1925年正式拉入饭店，逐渐成为主食，经过几十年的演变，经由"脸盆火锅""镶火锅"等品类的变迁而逐渐形成。

椿林火锅底料制作技艺流程为：备料，即将葱、姜、蒜、洋葱去泥、去皮，洗净切碎，将辣椒切节、筛籽，在温水中浸泡绞成糍粑海椒。炒制，即使用葱油，投入材料慢炒，并不停搅动，待原料脱水酥香、油色红亮、辣香味溢出，再投入大料，待溢出香味时，加入香精、香料，搅拌均匀起锅（图4-77）。

2018年，椿林火锅底料制技艺被列入第三批区级非遗代表性项目名录。现有区级代表性传承人1名。

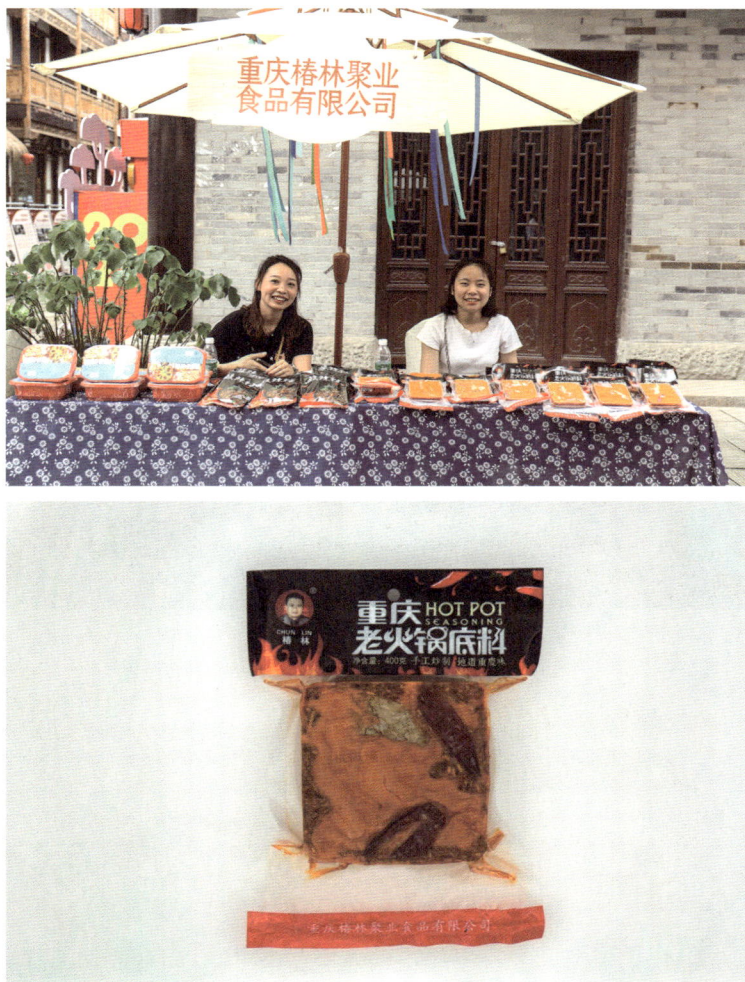

图4-77　椿林火锅底料

万灵灰水粽制作技艺

　　灰水粽，俗称粽子、马蹄粽、长粽子，是一种川渝地区较为常见且传统的粽子。灰水粽用的芭蕉叶、棕树叶先用沸水煮软后，再包裹浸泡后的糯米。煮熟后的灰水粽，绿叶清香，色泽诱人，口感软糯紧致，味道独特，再蘸着煎好的芝麻（捣碎）和白糖吃，其香味独特，是端午节必不可少的美味佳肴（图4-78）。灰水粽的制作技艺具有历史人文价值，对于民俗民间文化传承和发展起着重要作用。

　　2021年，万灵灰水粽制作技艺被列入第四批区级非遗代表性项目名录。

图4-78　万灵灰水粽

清升白酒传统酿造技艺

　　清升镇老白酒厂坐落于"渝西明珠"与"酒城泸州"交汇的古佛山景区，铺重峦之叠翠、环二水之迂回，无论气候条件还是水源品质，都保证了酒水的卓绝品质。

　　老白酒厂初建于清末年间，传承精湛技艺，百余年来，以优质高粱为原料，辅以闻名遐迩的古佛山矿原水源，以独特的"古法手工"技艺精心酿制而成。主要生产工艺流程：浸泡—初蒸—焖水—复蒸—摊凉—培菌—入池发酵—蒸馏—取酒。其工序复杂，技艺独特，酒体别具一格，气味清香纯正、醇甜柔和、入口绵甜（图4-79）。

2021年，清升白酒传统酿造技艺被列入第四批区级非遗代表性项目名录。

图4-79　清升白酒产品

"秦老五"麻花制作技艺

明朝末年，张献忠屠川，之后从湖广两地迁来大量移民，以重兴人丁。秦氏家族随着湖广填四川来到荣昌盘龙镇。秦武的父亲生产的麻花精细小巧，状如双龙盘绕，颜色金黄油亮，味道酥香爽口，在盘龙镇很有名气，顾客盈门，很受欢迎。秦武传承了父亲的技艺，接手了父亲的生意，因在家排行老五，所以创立了自己的品牌"秦老五"。

秦氏麻花，把两三股条状的面条拧在一起，用油炸熟即可（图4-80）。麻花金黄醒目，甘甜爽脆，甜而不腻，口感清新，齿颊留香，好吃不油腻，多吃亦不上火。小麻花热量适中，低脂肪，既可休闲品味，又可佐酒伴茶，是理想的休闲小食品。

2021年，"秦老五"麻花制作技艺被列入第四批区级非遗代表性项目名录。

图4-80　秦老五麻花

荣昌客家九大碗传统菜肴制作技艺

客家传统九大碗源于四川民间，是一种以四川人家常菜式为主的宴席。它起源于湖广填四川的大规模移民，他们带来了咸、鲜、甜为特色的客家菜，又融入本地的饮食习俗，形成了别具一格的客家传统九大碗。

客家传统九大碗也被人们习惯称作坝坝宴、流水席、九个碗等，每逢新春佳节、红白喜事或生朝满日，在川渝农村常常可以看到这样的景象：数十上百人聚在一处，在一阵鞭炮响后，于漫天青烟中按男女及辈分高低，分散坐于一张张八仙桌旁，伸箸畅食，举杯畅饮。

"九大碗"菜式分别为：凉拌鸡、大酥肉、小酥肉、烧白、肘子、酒米饭、粉蒸肉、甜酸鱼和杂烩汤（图4-81）。"九大碗"是一种饮食文化的体现，也是一种传统，更是一种传承。

2021年，荣昌客家九大碗传统菜肴制作技艺被列入第四批区级非遗代表性项目名录。

图4-81 客家美食"九大碗"

楂海椒制作技艺

楂海椒，又称楂辣椒，是重庆市荣昌区特有的、以青辣椒为原材料的一种食品，是川渝老百姓餐桌上家常菜中的重要佐料之一。

楂海椒的制作工序简单，却十分讲究。楂海椒精选上等二荆条（可以不是二荆条，青色辣椒）经过翻炒熟后，装坛腌制，存放一段时间后便成为餐桌上美味的菜品，川渝地区的人称作楂海椒（图4-82）。根据不同季节采摘的青椒，做出来的楂海椒辣味会有所不同。制作楂海椒的泡菜坛要用荣昌土陶坛，因其质地透气不透水，做出来的楂海椒才能拥有鲜、香、辣的特质，具有一定的文化价值和食用价值。

2021年，楂海椒制作技艺被列入第四批区级非遗代表性项目名录。

图4-82 榙海椒

传统医药

蛇伤中药炼制

河包镇蛇伤中药炼制从民国时期流传至今，由大足季家镇村民覃长云自创，后由于战乱迁至河包镇经堂村，通过家庭传承的方式延续，至今已传至第四代。

河包镇蛇伤中药炼制主要以蟾蜍浆、雄黄为主，蟾蜍浆通过晾晒再混合加入雄黄等多味中药搅拌，在搅拌中途加入白醋、烟油等，待搅拌均匀后，再用针扎破伤口放出毒血，将蛇伤中药包扎于伤口处，达到医治蛇毒的功效。

2015年，蛇伤中药炼制被列入区级非遗代表性项目名录。现有区级代表性传承人1名。

毒疮膏炼制

河包镇毒疮膏药炼制源自民国时期，距今已有一百余年的历史。当时河包镇经堂村有一村民叫曹义和，医术精湛，开药铺为村民治病，毒疮膏药是他自创的独家秘方，由此一代一代传续，至今已历经4代。毒疮膏药炼制主要以麻油、黄丹为主，同时根据病情加入不同的中草药，将麻油、黄丹混合熬制后，再加入中草药熬制的药汁，待熬煮后制成膏药。具有抗毒性强、无臭、形薄、无副作用等特点，主要用于治疗毒疮、结核、肿痛、风湿等。

2015年，毒疮膏药炼制被列入第二批区级非遗代表性项目名录。现有区级代表性传承人1名。

灸治熨烫疗法

灸治熨烫疗法是在中医理论的指导下的一种中国特有的治疗疾病的手段，包括针灸、艾灸、药熨疗法。针灸是针法和灸法的总称，把针具（通常指毫针）按照一定的角度刺入患者体内，运用捻转与提插等针刺手法对应刺激人体特定部位，从而达到治疗疾病的目的。艾灸是用艾叶制成的艾灸材料，用其产生的艾热刺激体表穴位或特定部位，通过激发经气的活动，来调整人体紊乱的生理生化功能，从而达到防病治病目的的一种治疗方法。药熨疗法是将药物碾成粗末或捣烂，炒热后用布包裹，置于患者皮肤表面，或往返移动以达到行气活血、散寒定痛、祛瘀消肿的功效。

2015年，灸治熨烫疗法被列入第二批区级非遗代表性项目名录。现有区级代表性传承人1名。

传统丹药炼制

炼丹术所制成的药物有外用和内服两种，外用者至今还很有借鉴价值，内服则由于毒性较大而逐渐被淘汰。但唐氏中医正骨术创始人唐新知，经过潜心研习武医，掌握其精髓，将中医正骨推拿术与武术巧妙完美结合，将即将失传的中医正骨炼丹术潜心传承下来，最具代表的有接骨丹、活血丹、太保丹、吹口丹等。其中最具特色的是吹口丹，其作用于小儿及成人咽喉部疾患，效果神奇。

2015年，传统丹药炼制被列入第二批区级非遗代表性项目名录。现有区级代表性传承人1名。

彭氏烫伤烧伤疗法

双河街道流传的烫伤烧伤疗法是由彭氏家族世代传承下来的。主要采用黄连、地榆、紫草等12味中草药，洗净加水煎制后，加入动植物油煎熬，然后装进瓦罐，在避光干燥处存放两年以上入药成膏，方可使用。对于烫伤烧伤有很好的治疗效果，具有抗感染、消炎、祛溃、生肌、收敛等作用。

2008年，彭氏烫伤烧伤疗法被列入第一批区级非遗代表性项目名录。现有区级代表性传承人1名。

滕氏毒蛇咬伤疗法

滕明胜系祖传中草药治疗毒蛇咬伤第五代传承人，该治疗方法传男不传女，传内不传外。主要以一枝蒿、一支箭、蒲公英、犁头草、兔儿风、剪刀夹、钻山龙等12味中草药，根据毒蛇（常见品种有烙铁头、笋壳班、七盘克、狗屎霉）的种类和所伤部位，用鲜药（有的用叶、有的用根或茎）按不同的比例配方，切碎后置于石擂钵，反复捣剃至软烂，以手捏成团为止，然后盛装于陶罐里，避免药性和汁水挥发。

2018年，滕氏毒蛇咬伤疗法被列入第三批区级非遗代表性项目名录。

邹氏手工药丸秘制疗法

药丸是中国中药五大剂型——丸、散、膏、丹、汤之一。邹氏手工药丸秘制疗法，是邹氏历代行医者结合前人经验，按照中医辨证论治的原则配合组方，将中药研成细末，掺以水、炼蜜或其他赋形剂制成的圆形固体颗粒。邹氏药丸具有药剂量准确，药物吸收满意，作用柔和缓慢，药效持久等特点。它不仅适应于慢性疾病的治疗，也适用于中风、昏迷、外伤等危重疾病的抢救和治疗。

2018年，邹氏手工药丸秘制疗法被列入第三批区级非遗代表性项目名录。现有区级代表性传承人1名。

何氏传统膏药炼制

何氏传统膏药在继承各地膏药炼制的基础上，根据荣昌气候、土壤、植物油不同的含量和特点，以及患者的不同病症辅以不同的药物而采取不同的炼制方法。自唐代以来此制作方法在荣昌民间盛行，至今已有一千多年历史。目前能够炼制的膏药有冲和膏、万应追风膏、醋酸膏、跌打损伤膏、化腐生肌膏等。

2018年，何氏传统膏药炼制被列入第三批区级非遗代表性项目名录。现有区级代表性传承人1名。

刘氏颈肩腰腿痛膏药炼制

刘氏颈肩腰腿痛膏药炼制根据不同的症状选择不同的药物，选取多种中药食材，经过植物油类的翻炒熬制，根据不同药材熬制时间不同，一般火温在200至300度之间，熬制时间两小时左右，将药物进行过滤，按药物熬制的比例加入桐油、黄丹不停地搅拌而成。此膏药对颈、肩、腰、腿等关节疼痛有明显的缓解和治疗作用。

2018年，刘氏颈肩腰腿痛膏药炼制被列入第三批区级非遗代表性项目名录。现有区级代表性传承人1名。

中医正骨（峰高街道）

史氏骨伤科历史可追溯至康熙年间。史氏先辈因思念父母及亲人，长途跋涉数千公里，于1721年冬到达地处重庆市西部的荣昌区，凭借多年在战场上为伤兵疗伤的经验，开始在乡间行医。因其医术精湛，尤以治疗骨伤见长，故十里八乡前来看病的人络绎不绝，美名远扬，从此代代相传。

史氏后辈在祖传医学的基础上逐渐发扬光大，在大量实践操作中吸取了许多宝贵的经验，药物的疗效更是有其独到之处。特别是到第九代传人史贤昌，把史氏中医骨伤科整理得更加系统。

史氏中医骨伤科对各种关节脱位均采用手法复位。开放性骨折、线形骨折、螺旋形骨折、横形骨折、粉碎性骨折、压缩性骨折等骨折采用手法复位，配合小夹板外固定治疗，再加上祖传秘制"接骨散"外敷，更是起到了活血化瘀、消肿止痛、续筋壮骨之奇效。既减轻了患者的痛苦，缩短了疗程；又效果显著，减少花销，患者好评如潮。

2008年，史氏中医正骨被列为第一批区级非物质文化遗产代表性项目名录。

唐氏骨痛疗法

骨痛是指全身或某一局部骨骼疼痛，是临床上各种原因，如损伤、感染、肿瘤等引起的骨周围疼痛的临床症状。骨痛可能伴随的症状有：石骨症、韧带骨化、弥漫性腹部骨化、桡骨茎突剧痛、桡骨茎突部局限性疼、肋骨痛、骨痛钝痛、压痛、刺痛、胸闷憋气等。

双河街道骨痛疗法是传承人唐波跟随叔父唐德安学习骨痛治疗数年总结出来的一种特殊治疗骨痛的方法。此疗法根据病因，采用不同的中草药，调制成药膏贴于骨痛之处，对于治疗骨痛有明显的疗效和作用，得到了广大患者的肯定和认可。

2018年，唐氏骨痛疗法被列为第三批区级非物质文化遗产代表性项目名录。

民俗

铜鼓庙会

铜鼓山是荣昌有历史记载以来最为悠久的一座名山，铜鼓山寨被誉为"胜境雄疆锁钥地，危岩峻岭金汤门"。据清光绪《荣昌县志》卷三《关隘》记载："关隘地势险要，设防把守，防阻'暴客'进入，保障县城和荣渝交通安全。"《荣昌县志》卷十六《寺观》："铜鼓庙，县北一百二十里；宋杨明将军抗元阵亡于此，被敕封为土主显灵大王，里人立庙祀之。因其山名铜鼓山，故庙名铜鼓庙。"

古时候，这里盗贼乘机横行，匪徒充斥，光天化日之下，明火执仗，抢劫钱财，掳掠妇女，无恶不作，百姓深受其苦。在宋朝，朝廷遣文武双全、能征惯战的杨明将军挂帅，大战铜鼓山，歼灭了匪徒，后杨明将军抗元战争中不幸殉身，为了表彰他的战功，皇帝特地封他为显灵大王，诏令立庙祭祀，永受香火，显灵佑民，并赐予铜鼓一面，作为镇庙之宝。因此，本地人不称他为"显灵大王"，而叫做"铜鼓大王"。他的享庙也不称"显灵大王庙"，而叫做"铜鼓大王庙"。

祭祀仪式时间在每年农历三月初九（铜鼓大王的生日），主要过程包括：筹备、唱戏、香架会、香架仪式、迎接、送礼、游香、交香即打保卦、民乐吹奏、念文书（祭文）、聚餐（吃素食），完成之后，整个祭祀活动即为完备（图4-83、图4-84）。

几百年来，晨钟暮鼓不断，香烟袅绕不绝。通过祭祀活动，以一种传统、古朴的方式，祈祷人们向往的安居乐业的美好生活。

2008年，铜鼓庙会被列为第一批区级非物质文化遗产代表性项目名录。

图4-83　铜鼓庙会祭祀仪式（一）

图4-84　铜鼓庙会祭祀仪式（二）

家族祭祖

清明祭祀的参与者是全体国民，上至君王大臣，下至平头百姓，都要在这一节日祭拜先人亡魂。从唐朝开始，每逢清明，朝廷就给官员放假，以便其归乡扫墓。据宋《梦粱录》记载：每到清明节，"官员士庶俱出郊省墓，以尽思时之敬。"

廖氏家族于清代康熙时期（1710年）由广东兴宁移民入川，定居于荣昌区峰高镇千秋村青杠坪，从事农耕，并在此建立廖氏宗祠，入川始祖去世后，坟墓也安葬在祠堂周围。移民到这里后带来了很多的生产经验、生活习俗和民间传说等，与本地结合。但是廖氏家族清明祭祀活动形式却与当地人民有明显不同，祭祀中设有乐班、祭文、幡幛等有关器具。20世纪50年代前，祭祀人员仅有男子可以参与，随着时代的进步，目前男女均可参加。每年的清明节、中元节、冬至节三次祭祖在本地中都要举行，而廖氏家族仅在清明节当日举行，并以祠堂祭为主，同时进行扫墓。几百年来，清明祭祀活动从未间断。

祭祖流程主要包括定期、发帖、备祭品、请乐班、沐浴、插彩旗及挂幡幛、上贡品、祭拜、颂祭文（图4-85）、扫墓、入席，祭祀结束后，各参祭者返程。

廖氏家族祭祖这项民俗活动体现了中华民族感恩报德、家族和睦的传统道德思想，具有移民文化、历史民俗文化研究价值。

2008年，家族祭祖被列入第一批区级非遗代表性项目名录。现有区级代表性传承人2名。

图4-85　家族祭祖仪式

放河灯

放河灯，是华夏民族传统习俗，用以表达对逝去亲人的悼念，为活着的人们祝福。也是濑溪河流域流传至今的重要民俗活动之一。

宋真宗年间，濑溪河流域漕运初兴，沿岸有多处寺庙兴建，佛事活动得以在民间广为传播。于是，放河灯便成了路孔镇的重要民俗活动之一。明清时期，濑溪河河运昌盛，船家和商贾期望河运平安顺利，沿河居民希望风调雨顺，遂于每年农历七月十五中元节大放河灯，赈济亡魂。另外，大户人家事丧，也要放河灯，目的是替亡人救拔十方三世一切沉沦于地狱的饿鬼，广行功德，使其早升极乐世界。据说，在放了河灯后，沿河不再有孤魂野鬼滋事，能确保沿河及两岸行船安全及居民平安。历经无数岁月，如今，放河灯被人们用以祈祷风调雨顺、国泰民安、吉祥安康，寄托了人们对美好未来的向往。

河灯是用上过蜡的彩色纸折成荷花、小船、鸭脚等形状，里面安上一根纸捻，在河灯里注上灯油，点亮后由僧人放入河中。

放河灯共需木船四条：第一条载着扎制的面燃鬼王相，面燃鬼王身高丈二，扎糊精美，彰显鬼王威猛；将另外两条船牢固绑扎在一起，上面用八仙桌搭起高台，台上五位僧人负责法事；最后一条船载着108盏河灯和放灯的数名僧人。河灯的主要形状有莲花灯（图4-86）、兔儿灯、八角灯、船形灯、观音灯、宝塔灯、钟馗灯，制作流程包括：选竹、划篾条、搓麻绳、裁纸、造型、上胶水或糨糊、糊纸、着色、安烛或安油灯、制作河灯底盘漂浮物。河灯扎制形制多样，造型逼真，夜晚漂浮水中，形成了明与暗的对比，随着水流不断变换队形，给人以视觉上的美感。

2008年，放河灯被列入第一批区级非遗代表性项目名录。现有区级代表性传承人2名。

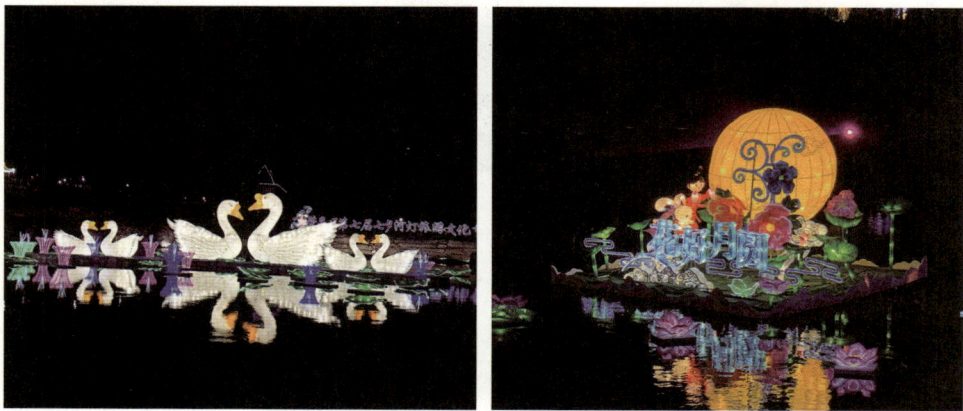

图4-86　放河灯

祝寿

在荣昌区双河街道，从古至今流传着祝寿这一礼俗。这里与四川省交界，文化生活丰富，祝寿成了人们日常生活不可缺少的精神寄托，它是民间形成的传统习俗，并且与演唱相结合，以示喜庆和欢乐，深受广大群众的喜爱。它是民间民族优秀文化，装饰美化着人们的生活，洋溢着福祥吉庆的气息，示意人们平安、健康长寿，世代相传下来。

在民间，人从一生下来就开始庆贺，特别是上了六十岁以上，必须祝寿庆贺。以满九十岁老人祝寿为例，双河镇整个祝寿过程大致为：策划、筹备、祭祖、拜寿（图4-87）、正寿、正席、祝寿表演、复宴酒、留客等。整个祝寿过程持续三天，表达主人对所有到场的亲朋好友表示谢意，特别是长辈，要留下来在主人家多住几天，话家常，以示谢意和对长辈的敬意。

祝寿内容丰富，形式多样，融入民间山歌，舞蹈、曲艺等多种曲目，既朴素实在又简单优美，是民间礼仪、音乐、演出的缩影，展现了双河镇深厚的人文历史文化底蕴（图4-88）。

2008年，祝寿被列入第一批区级非遗代表性项目名录。

图4-87　祝寿仪式

图4-88　吹打乐展示

七夕习俗

乞巧源于"牛郎织女鹊桥相会"的传说，传说玉帝的第七个女儿织女，心灵、手巧、善织，于是，就有了每年七月初七的"乞巧"活动。"七夕"活动的主体多为女性，包括已婚的中青年妇女、少女和女童。千百年来，在荣昌万灵古镇一直把这个民间习俗传承至今，每年围绕着七夕节日都要举办丰富多彩的民俗活动（图4-89）。

荣昌万灵古镇七夕习俗内容丰富，有穿针乞巧、喜蛛应巧、投针验巧、为牛庆生、种生求子、拜织女、拜魁星、烧桥蛋、吃巧果以及瓜果架下听悄悄话等习俗。

2015年，七夕习俗被列入第二批区级非遗代表性项目名录。现有区级代表性传承人2名。

图4-89　荣昌区七夕河灯旅游文化节活动

中秋习俗

农历的八月十五日是我国传统的中秋佳节，也是我国仅次于春节的第二大传统节日。这一天恰逢三秋之半，故名"中秋节"，也叫"仲秋节"。

关于中秋节的起源大致有三种说法：古代对月的崇拜、月下歌舞觅偶的习俗、古代报拜土地神的遗俗。中秋节的传说如：嫦娥奔月、吴刚伐桂、玉兔捣药之类的神话故事流传甚广。在荣昌万灵镇区域内，中秋祭月（图4-90）、赏月、拜月和吃月饼是最主要的节日习俗，兔子灯、杀鸭子、打糍粑（图4-91）、舞流星香球（打月华）也在乡间盛行。中秋节俗的主要意义在于祭拜月神、庆贺丰收、庆祝团圆，寄托人们对生活无限的热爱和对美好生活的向往。中秋习俗具有重要的历史人文价值，体现强大的文化内涵和文化凝聚力，对于民俗民间文化传承和发展起着重要作用。

2015年，中秋习俗被列入第二批区级非遗代表性项目名录。现有区级代表性传承人2名。

图4-90　祭拜月神

图4-91　打糍粑

重阳节习俗

　　农历九月九日为传统的重阳节。因为古老的《易经》中把"六"定为阴数，把"九"定为阳数。九月九日，日月并阳两九相重，故而叫重阳，也叫重九，古人认为是个值得庆贺的吉利日子，并且从很早就开始庆祝此节日。九九重阳因为与"久久"同音，九在数字中又是最大数，有长久长寿的含义，况且秋季也是一年收获的黄金季节。

　　在荣昌万灵古镇，庆祝重阳节的活动形式多样，一般包括出游赏景、登高远眺、观赏菊花、遍插茱萸、吃重阳糕、饮菊花酒等活动。重阳节习俗具有重要的历史人文价值，对于民俗民间文化传承和发展起着重要作用。

　　2015年，重阳节习俗被列入第二批区级非遗代表性项目名录。现有区级代表性传承人2名。

传统养猪习俗

　　养猪是农家的"聚宝盆"，人们为了保护这只聚宝盆，便生发出了种种习俗。荣昌万灵区域内从古至今都有养猪的传统习俗，因为这里有世界八大优良种猪之一的荣昌猪，荣昌猪现已发展成为我国养猪业推广面积最大、最具有影响力的地方猪种之一（图4-92）。主要特性是体型较大，头大小适中，面微凹，耳中等大、下垂，额面皱纹横行、有旋毛，体躯较长，发育匀称，背腰微凹，腹大而深，臀部稍倾斜，四肢细致、坚实。除眼周外均为白色，也有少数在尾根及躯体出现黑斑或全白的。

荣昌万灵地区传统养猪习俗也极具地方特征，从修猪圈、买养猪、进猪圈（图4-93）、卖仔猪、杀年猪、喝猪刨汤等事项，都有较为传统的风俗习惯。

2015年，传统养猪习俗被列入第二批区级非遗代表性项目名录。现有区级代表性传承人2名。

图4-92　荣昌熊猫猪

图4-93　养猪习俗：进猪圈

禹王宫庙会

庙会，又称"庙市"或"节场"。庙会是汉族民间宗教及岁时风俗，也是我国集市贸易形式之一，其形成与发展和地庙的宗教活动有关，在寺庙的节日或规定的日期举行，多设在庙内及其附近。古代，"日中为市"，进行集市贸易。万灵古镇禹王宫（图4-94）的庙会很有特色，除具有庙会固有的特征外，也是湖广填川人聚会、祭祀大禹的重要依托。禹王宫庙会对研究移民文化、佛教文化有着重要作用。

2015年，禹王宫庙会被列为第二批区级非物质文化遗产代表性项目名录。

图4-94　万灵湖广会馆禹王宫

书院祭孔

尔雅书院是明代刑部尚书喻茂坚在嘉靖二十七年辞官回到荣昌，定居路孔（现万灵镇）后，发动县内士绅捐资修建的学府，从此，喻尚书便在此"以诗书课后生"。如今的尔雅书院是在遗址上修复的。明代的尔雅书院为穿斗木结构二层小楼，屋顶飞檐翘角，一楼为讲学的教坊及生活用房，二楼为藏书楼。后来尔雅书院被人拆除后在原址上把木结构换成了今天的青砖、青瓦。

书院祭孔是尔雅书院一直以来就有的祭祀孔子先贤的优良传统，选择在9月28日，也就是孔子诞辰日举行的一种包括乐、歌、舞、礼四种形式的隆重祀典（图4-95），祭拜圣贤，继承文脉，弘扬美德，传承文明。

2015年，书院祭孔被列入第二批区级非遗代表性项目名录。现有区级代表性传承人2名。

图4-95　祭孔仪式

赵家家族祭祖

中国人有慎终追远的传统，在岁时节令都不会忘记祭拜先祖。祭祖乃是敬拜，是华人的传统习俗，已经有数千年的历史。祭祖的形式或许因民族或宗教信仰而不同，但纪念祖先的意义却是相同的。

赵氏在入川第一个甲子年修建了赵氏宗祠（图4-96），祭祖仪式从此开始。赵氏家族祭祖具有严格的家规礼仪。在虔诚祭奠祖先的同时，作为书香之家的赵氏家族，秉承耕读传家的族训，更重视对子孙后代的教育。整个拜祭过程中语言文字精练准确，场面严肃，规模宏大，仪式隆重。赵氏祭祖对研究宗亲祭祖具有代表性，对研究祭祀民俗具有历史文化价值。

2015年，赵氏家族祭祖被列为第二批区级非物质文化遗产代表性项目名录。

图4-96　赵氏宗祠

火神庙会

火神庙会传统民俗活动主要分布在荣昌区的安富街道。

火神庙会是以汉族民间信仰为主要内容的群众性活动和民间文化活动。正会前即有香客居士、僧众自四方翩然而至，求佛护佑，祈福禳灾，求子祛病，求平安顺当等（图4-97）。庙会期间，寺院规定：十方僧俗朝山拜佛，皆以诚敬待之，不得有攀权附势、厚此薄彼之念。正会由初六至十五，初一至初五为准备阶段，打扫卫生，清整环境，接待香客，安排住宿。昔日由于交通不便，远道而来者，被安排在城里香山下院、广福庵、广严寺和山寿寺内，后择吉上山，这些香客除本来拜佛者外，尚有外埠及同胞。

火神庙会期间，寺院日日都需拜佛上供、焚香、诵经、免费开斋，循序进行，有条不紊。初六至十五正会进行期间，人头攒动，香烟缭绕，许愿还愿，络绎不绝。到了十五这一天，更是香客如云，殿内叩拜、攒香、焚表者令人目不暇接。

2015年，火神庙会被列入第二批区级非遗代表性项目名录。现有区级代表性传承人2名。

图4-97　窑工们在火神庙里祭拜火神和窑王

陶神祭祀

根据考证，荣昌安陶制作工匠们把宁封子供奉为陶神。据传，有一天，他正在烧陶，有个人路过这里，愿意帮助烧火。这位客人出手不凡，他烧的火能出现五色烟，制出的陶器质量不知比宁封子高出多少倍。宁封子拜这位奇人为师，得到真传。有时兴起，竟能跳入火窑里，随着烟气上下升腾。后来蚩尤作乱，黄帝打不过蚩尤，便来找宁封子，请他出主意。宁封子送给黄帝一部仙书《龙跷经》，黄帝得以御云龙游八极，终于打败了蚩尤，于是拜宁封子为"五岳真人"，让他管领川岳百神，宁封子便成了陶神。安富街道拥有悠久的制陶历史，形成了一套独特的陶神祭祀历史。

陶神祭祀包括祭祀时间、贡品的选定，还包括了祭祀音乐、祭文等。其中祭祀供品主要用六合钱纸、三炷香、一对蜡烛、一只雄鸡公、一块刀头、两串鞭炮，窑主点燃钱纸、蜡烛和香，带领众人虔诚地肃立在神位前，口中念念有词，窑主于三鞠躬后，鞭炮齐鸣，杀雄鸡公，以鸡血绕窑场淋一周，然后在窑的正门前手捧鸡公三拜九叩祭陶神（图4-98），最后在雄鸡公尾巴上拔九根鸡毛，沾上鸡血贴在第三仓窑门上。这才算完成了祭陶神的仪式。其实，这样的祭祀除了是前人对于本行业祖先或先贤的一种尊敬和崇拜外，同时也是当时烧窑技术和生产设备的落后，无法用仪器精准测试、控制窑炉的温度，因而无法掌控陶器烧成率时，对于未知世界的一种敬畏之情。

2015年，陶神祭祀被列入第二批区级非遗代表性项目名录。现有区级代表性传承人2名。

图4-98　陶神祭祀仪式

客家祭祖

　　客家人是中华民族大家庭中具有独特特点的一支汉族民系，先民是居住在黄河流域的中原汉人，因战乱、水旱灾害及北方人南移等种种原因逐步南迁，开拓新的生活空间。不少居住在江西、福建、广东的客家人在朝廷和四川地方官的优惠政策鼓动下，随湖广移民大军迁入四川，其中一部分客家人陆续来到荣昌区盘龙镇落户。

　　客家祭祖有以下几种方式：祭天地、遥祭、祠堂祭、扫山祭。盘龙镇同族子孙供奉祭祀祖先的宗祠有近20处（俗称祠堂或家庙）。祠堂都由同姓子孙集资修建（图4-99），宗祠由同族各房推荐德高望重的长辈担任族长。祠内供有本族祖先的牌位，每年"清明"举行祭祀。祭祀要焚烧香烛和纸钱。族人称"挂亲"，以示不忘祖先之恩惠。祭祀后，举行宴饮，族人称"吃清明会"。

　　2015年客家祭祖被列为第二批区级非物质文化遗产代表性项目名录。

图4-99　盘龙镇客家新村肖家祠堂

客家风俗

　　来到荣昌区的客家人和其他省的移民一样，必然会产生自己独特的移民文化，这就是客家文化，其中客家风俗是客家文化中必不可少的一部分（图4-100）。

　　盘龙客家人的生活习俗主要表现在：饮食（图4-101）、穿着（图4-102）、住房、婚娶、丧葬等方面。例如，逢年过节必须祭祀祖宗；逢年过节团聚必须讲客家话；客家人只与不同姓氏的能讲客家话的人联姻，中华人民共和国成立后打破了这一风俗。另外，客家人还有"尝新"的风俗。语言习俗表现形式主要是用客家话来交流思想。载体表现形式主要是集会、看戏等。客家风俗还有以下三种表现方式：请客、送礼、打三朝。

2015年，客家风俗被列为第二批区级非物质文化遗产代表性项目名录。

图4-100　盘龙镇客家文化广场

图4-101　客家迎亲宴

《木兰花慢·和陈彦章春暮即事韵》（元·许有壬）

可人应试纻罗衣。底事雁书稀。

望故里关河，云林杳霭，烟水霏微。

图4-102　客家服饰

客家春节习俗

荣昌区盘龙镇客家人的春节习俗主要有：三十晚上"守睡"，把农忙时的劳作工具藏好；"吃年夜饭"的时间、菜品有自己的特色；"不能倒水"，留财；初一开门，不能说不吉利的话、"爆火炮"、拜年（图4-103）等。

2015年，客家春节风俗被列为第二批区级非物质文化遗产代表性项目名录。

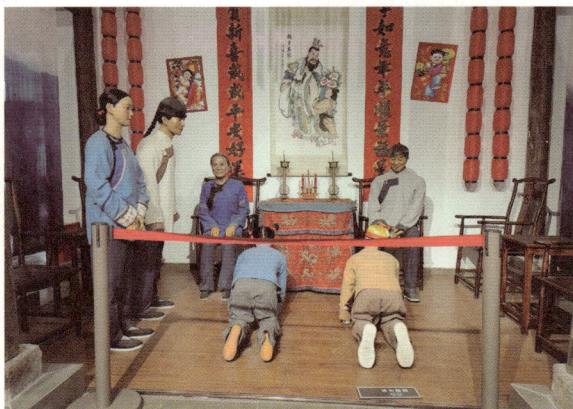

图4-103　客家拜年习俗

铁水花

每年正月十五，远觉镇打铁花传承人都将进行"打铁花"表演（图4-104）。

其技艺讲究，打铁花传承人先要用泥土铸成一个小熔炉，把事先准备好的生铁熔炼成1500度以上的铁汁待用。熔化生铁有一定要求，以稀而不散，稠而不沾为好。玩者人数不限，几人或数十人，必须胆大心细，眼明手快，一般都是年轻人。打铁花时，先把铁汁注入事先准备好的"长柄小匙"，打花者一手拿着盛有铁汁的"小匙"，一手拿着木板，铁汁冲向木板后，火花立刻迸散开来，铁花飞溅，流星如瀑，形成五彩斑斓的火花，变幻莫测，夺目耀眼，构成一幅幅奇异的烟火图景，预示着来年红红火火。

2015年，铁水花被列入第二批地区级非遗代表性项目名录。现有区级代表性传承人2名。

图4-104　铁水花展示活动

鞭春牛

鞭春牛是一种民间习俗，各民族的地方活动略有不同，活动一般是在大年初一或者立春日、春分日举行。春牛，是古代用黄土制成的象征农事的土牛，后改作苇或纸扎成。旧时风俗，立春前一日有迎春仪式：地方官行香主礼，由人扮"句芒"鞭土牛，表示催耕迎春。句芒是传说中的人面鸟身的司命之神，"司禄益食而民不饥，司金益富而国家实，司命益年而民不夭"。据光绪九年荣昌县志记载，鞭春牛习俗在我区盛行，这种古老的迎春仪式已演绎成送春牛的形式，由"春倌"拿着木刻版印的春牛图逐村逐户唱送。

河包镇每年立春这一天，按惯例举行鞭打春牛的仪式。届时，高举的牛鞭把纸糊的春牛打碎时，从纸牛的肚内掉下若干个泥塑的小牛犊。围观的人们将其捡起，分别送给那些久婚不育的人家。民间认为，春牛昭示生子。主人家对送春牛者热情款待，并给予一定报酬。最初它是作为一门生财之道，由泥塑匠人在开春时节，将上述诸物送达各家，以此讨取利是钱。送春牛时往往敲锣打鼓，无论有无儿子之家，均需虔诚迎迓，不得稍作推辞或将大门关闭。这种送春牛的习俗一直持续到今天，只不过现在的"春牛"已不再包含送子的寓意了，只是一本关于二十四节气的油印小册子，封面有一头牛，并无泥塑的小牛像。

鞭春牛具有浓郁的地方民俗文化特色，它的表现形式根据河包镇地域文化展示出不同内容，在送春牛和鞭春牛的表现过程中，根据沿途不同的村落院坝、商铺，演唱不同的吉利词，具有灵活多变的表现形式。它对春节期间的民俗活动、民间歌谣、农耕习俗和节气都具有研究价值。

2015年，鞭春牛被列为第二批区级非物质文化遗产代表性项目录。

附录

附录一　荣昌区国家级非物质文化遗产代表性项目名录（3项）

序号	项目名称	项目类别	列入时间	批次	保护单位/所在单位
1	夏布织造技艺	传统技艺	2008年	第二批	荣昌区文化馆、荣昌区盘龙镇文化服务中心
2	制扇技艺（荣昌折扇）	传统技艺	2008年	第二批	荣昌区文化馆、荣昌区昌元街道社区文化服务中心、荣昌区折扇产业协会
3	陶器烧制技艺（荣昌陶器制作技艺）	传统技艺	2011年	第三批	荣昌区安富街道社区文化服务中心

附录二　荣昌区市级非物质文化遗产代表性项目名录（23项）

序号	项目名称	项目类别	列入时间	批次	保护单位/所在单位
1	荣昌夏布	传统技艺	2007年	第一批	盘龙镇文化服务中心、荣昌区文化馆
2	荣昌折扇	传统技艺	2007年	第一批	荣昌区文化馆、荣昌区折扇产业协会
3	荣昌陶器	传统技艺	2007年	第一批	荣昌区安富街道文化服务中心
4	尝新	民俗	2007年	第一批	荣昌区广顺街道社区文化服务中心
5	荣昌杀年猪习俗	民俗	2009年	第二批	荣昌区万灵镇文化服务中心
6	清江黄氏杂技	传统体育、游艺与杂技	2009年	第二批	荣昌区清江镇文化服务中心
7	荣昌缠丝拳	传统体育、游艺与杂技	2009年	第二批	荣昌区缠丝拳协会
8	小洪拳	传统体育、游艺与杂技	2013年	第四批	荣昌区武术协会
9	荣昌卤白鹅制作技艺	传统技艺	2011年	第三批	荣昌区餐饮协会、荣昌区昌元街道社区文化服务中心
10	荣昌金钱板	曲艺	2011年	第三批	荣昌区文化馆
11	荣昌民间道教绘画	传统美术	2011年	第三批	荣昌区仁义镇文化服务中心
12	荣昌角雕	传统美术	2013年	第四批	荣昌区倪牛角工艺品公司
13	河包肉龙	传统舞蹈	2013年	第四批	荣昌区河包镇文化服务中心
14	万灵镇游艺系列	传统体育、游艺与杂技	2015年	第五批	荣昌区万灵镇文化服务中心
15	苏家拳	传统体育、游艺与杂技	2015年	第五批	荣昌区武术协会
16	烧酒房传统酿酒技艺	传统技艺	2015年	第五批	重庆安陶酒业有限公司
17	书画传统装裱与修复技艺	传统技艺	2015年	第五批	荣昌区昌元街道社区文化服务中心
18	河包粉条制作技艺	传统技艺	2019年	第六批	荣昌区河包镇文化服务中心

续表

序号	项目名称	项目类别	列入时间	批次	保护单位/所在单位
19	荣昌铺盖面制作技艺	传统技艺	2019年	第六批	荣昌区双河街道社区文化服务中心
20	荣昌猪刨汤制作技艺	传统技艺	2019年	第六批	荣昌区万灵镇文化服务中心
21	旱蒸牛肉制作技艺	传统技艺	2019年	第六批	荣昌区牛鹅情食品有限公司
22	何氏点熨灸治术	传统医药	2019年	第六批	荣昌区昌元街道何华元中草药房
23	窑王祭祀	民俗	2019年	第六批	荣昌区安富街道社区文化服务中心

附录三　荣昌区区级非物质文化遗产代表性项目名录（138项）

序号	项目名称	项目类别	列入时间	批次	保护单位/所在单位
1	夏布神歌	传统音乐	2008年	第一批	盘龙镇文化服务中心
2	石工号子	传统音乐	2008年	第一批	远觉镇文化服务中心
3	清吹	传统音乐	2008年	第一批	双河街道社区文化服务中心
4	狮舞	传统舞蹈	2008年	第一批	清江镇文化服务中心
5	彩船舞	传统舞蹈	2008年	第一批	仁义镇文化服务中心
6	肉莲花	传统舞蹈	2008年	第一批	昌元街道社区文化服务中心
7	车灯	曲艺	2008年	第一批	河包镇文化服务中心
8	道琴	曲艺	2008年	第一批	昌元街道社区文化服务中心
9	清音	曲艺	2008年	第一批	昌元街道社区文化服务中心
10	路孔龙舟	传统体育、游艺与杂技	2008年	第一批	万灵镇文化服务中心
11	根雕	传统美术	2008年	第一批	安富街道社区文化服务中心
12	纸扎技艺	传统技艺	2008年	第一批	河包镇文化服务中心
13	亭子戏	传统戏剧	2008年	第一批	河包镇文化服务中心
14	焰火架	传统技艺	2008年	第一批	双河街道社区文化服务中心
15	羊肉汤	传统技艺	2008年	第一批	盘龙镇文化服务中心
16	猪油泡粑	传统技艺	2008年	第一批	昌元街道社区文化服务中心
17	黄凉粉	传统技艺	2008年	第一批	昌元街道社区文化服务中心
18	中医正骨	传统医药	2008年	第一批	峰高街道社区文化服务中心
19	铜鼓庙会	民俗	2008年	第一批	铜鼓镇文化服务中心
20	家族祭祖	民俗	2008年	第一批	峰高街道社区文化服务中心
21	放河灯	民俗	2008年	第一批	万灵镇文化服务中心
22	祝寿	民俗	2008年	第一批	双河街道社区文化服务中心
23	万灵民间故事	民间文学	2015年	第二批	万灵镇文化服务中心
24	狮舞系列	传统舞蹈	2015年	第二批	河包镇文化服务中心
25	川剧	传统戏剧	2015年	第二批	荣昌区川剧协会

续表

序号	项目名称	项目类别	列入时间	批次	保护单位/所在单位
26	荣昌民间摔跤	传统体育、游艺与杂技	2015年	第二批	荣昌区体育中心
27	高台杂耍	传统体育、游艺与杂技	2015年	第二批	万灵镇文化服务中心
28	黄氏轻功	传统体育、游艺与杂技	2015年	第二批	清江镇文化服务中心
29	硬气功	传统体育、游艺与杂技	2015年	第二批	清江镇文化服务中心
30	水火流星	传统体育、游艺与杂技	2015年	第二批	清江镇文化服务中心
31	荣昌邱式养生拳	传统体育、游艺与杂技	2015年	第二批	荣昌区武术协会
32	直升白酒酿造工艺	传统技艺	2015年	第二批	直升镇文化服务中心
33	核雕	传统技艺	2015年	第二批	昌元街道社区文化服务中心
34	石雕	传统技艺	2015年	第二批	仁义镇文化服务中心
35	清真牛肉制作	传统技艺	2015年	第二批	清流镇文化服务中心
36	根雕	传统技艺	2015年	第二批	双河街道社区文化服务中心
37	木雕	传统技艺	2015年	第二批	双河街道社区文化服务中心
38	传统制茶	传统技艺	2015年	第二批	清升镇文化服务中心
39	粉蒸鱼制作	传统技艺	2015年	第二批	清江镇文化服务中心
40	豆豉鱼制作	传统技艺	2015年	第二批	清江镇文化服务中心
41	土法造纸	传统技艺	2015年	第二批	广顺街道文化服务中心
42	髹漆技艺	传统技艺	2015年	第二批	广顺街道文化服务中心
43	龙狮制作	传统技艺	2015年	第二批	广顺街道文化服务中心
44	荣昌糟酒酿造	传统技艺	2015年	第二批	荣昌区文化馆
45	罗盘定位找水法	传统技艺	2015年	第二批	荣昌区文化馆
46	雕刻技艺	传统技艺	2015年	第二批	万灵镇文化服务中心
47	中医正骨	传统医药	2015年	第二批	河包镇文化服务中心

续表

序号	项目名称	项目类别	列入时间	批次	保护单位/所在单位
48	蛇伤中药炼制	传统医药	2015年	第二批	河包镇文化服务中心
49	毒疮膏炼制	传统医药	2015年	第二批	河包镇文化服务中心
50	灸治熨烫疗法	传统医药	2015年	第二批	仁义镇文化服务中心
51	传统丹药炼制	传统医药	2015年	第二批	荣昌区文化馆
52	七夕习俗	民俗	2015年	第二批	万灵镇文化服务中心
53	中秋习俗	民俗	2015年	第二批	万灵镇文化服务中心
54	重阳节习俗	民俗	2015年	第二批	万灵镇文化服务中心
55	传统养猪习俗	民俗	2015年	第二批	万灵镇文化服务中心
56	禹王宫庙会	民俗	2015年	第二批	万灵镇文化服务中心
57	书院祭孔	民俗	2015年	第二批	万灵镇文化服务中心
58	赵氏家族祭祖	民俗	2015年	第二批	万灵镇文化服务中心
59	火神庙会	民俗	2015年	第二批	安富街道社区文化服务中心
60	陶神祭祀	民俗	2015年	第二批	安富街道社区文化服务中心
61	客家祭祖	民俗	2015年	第二批	盘龙镇文化服务中心
62	客家风俗	民俗	2015年	第二批	盘龙镇文化服务中心
63	客家春节习俗	民俗	2015年	第二批	盘龙镇文化服务中心
64	古尔邦节	民俗	2015年	第二批	清流镇文化服务中心
65	开斋节	民俗	2015年	第二批	清流镇文化服务中心
66	圣纪节	民俗	2015年	第二批	清流镇文化服务中心
67	铁水花	民俗	2015年	第二批	远觉镇文化服务中心
68	昌元石工号子	传统音乐	2018年	第三批	昌元街道社区文化服务中心
69	峰高山歌	传统音乐	2018年	第三批	峰高街道社区文化服务中心
70	陶家拳	传统体育、游艺与杂技	2018年	第三批	河包镇文化服务中心

续表

序号	项目名称	项目类别	列入时间	批次	保护单位/所在单位
71	吕氏养生拳	传统体育、游艺与杂技	2018年	第三批	河包镇文化服务中心
72	僧门拳	传统体育、游艺与杂技	2018年	第三批	河包镇文化服务中心
73	蒋氏回春拳	传统体育、游艺与杂技	2018年	第三批	荣昌区武术协会
74	荣昌艾粑制作技艺	传统技艺	2018年	第三批	万灵镇文化服务中心
75	油炸汤圆制作技艺	传统技艺	2018年	第三批	河包镇文化服务中心
76	糖画制作技艺	传统技艺	2018年	第三批	河包镇文化服务中心
77	麻圆制作技艺	传统技艺	2018年	第三批	河包镇文化服务中心
78	灰水粑制作技艺	传统技艺	2018年	第三批	河包镇文化服务中心
79	脆麻花制作技艺	传统技艺	2018年	第三批	河包镇文化服务中心
80	清江百草花蛋制作技艺	传统技艺	2018年	第三批	清江镇文化服务中心
81	蒋氏白砍兔制作技艺	传统技艺	2018年	第三批	安富街道社区文化服务中心
82	荣昌白鹅烹制技艺	传统技艺	2018年	第三批	荣昌区三惠餐饮文化有限公司
83	椿林火锅底料制作技艺	传统技艺	2018年	第三批	荣昌区椿林聚业食品有限公司
84	荣昌陶陶刻书法技艺	传统技艺	2018年	第三批	安富街道社区文化服务中心
85	荣昌陶柴窑烧制技艺	传统技艺	2018年	第三批	安富街道社区文化服务中心
86	土陶烧制技艺	传统技艺	2018年	第三批	广顺街道文化服务中心
87	青砖瓦制作技艺	传统技艺	2018年	第三批	荣昌区吴家镇远全砖厂
88	鸡毛掸子制作技艺	传统技艺	2018年	第三批	荣昌区仁义镇羽毛制品协会

续表

序号	项目名称	项目类别	列入时间	批次	保护单位/所在单位
89	硬木地屏艺术框雕刻技艺	传统技艺	2018年	第三批	荣昌区云宝夏布有限公司
90	棕衣制作技艺	传统技艺	2018年	第三批	河包镇文化服务中心
91	竹编技艺	传统技艺	2018年	第三批	河包镇文化服务中心
92	旱烟制作技艺	传统技艺	2018年	第三批	河包镇文化服务中心
93	泥塑及彩绘	传统技艺	2018年	第三批	河包镇文化服务中心、荣昌区文化馆
94	清江草编技艺	传统技艺	2018年	第三批	清江镇文化服务中心
95	木制水车、木犁技艺	传统技艺	2018年	第三批	荣昌区夕瑞琴行
96	彭氏烫伤烧伤疗法	传统医药	2018年	第三批	双河街道社区文化服务中心
97	唐氏骨痛疗法	传统医药	2018年	第三批	双河街道社区文化服务中心
98	滕氏毒蛇咬伤疗法	传统医药	2018年	第三批	铜鼓镇文化服务中心
99	邹氏手工药丸秘制疗法	传统医药	2018年	第三批	安富街道社区文化服务中心
100	何氏传统膏药炼制	传统医药	2018年	第三批	荣昌区昌元街道何华元中草药房
101	刘氏颈肩腰腿痛膏药炼制	传统医药	2018年	第三批	昌元街道宝城寺社区卫生室
102	鞭春牛	民俗	2018年	第三批	河包镇文化服务中心
103	川剧花锣鼓	传统音乐	2021年	第四批	重庆市荣昌区川剧协会
104	岳家拳	传统体育、游艺与杂技	2021年	第四批	荣昌区昌元街道综合文化服务中心
105	八卦掌	传统体育、游艺与杂技	2021年	第四批	荣昌区安富街道综合文化服务中心
106	形意拳	传统体育、游艺与杂技	2021年	第四批	荣昌区安富街道综合文化服务中心
107	韩氏民间建筑彩绘绘画技艺	传统美术	2021年	第四批	重庆紫名都云宝装饰有限公司

续表

序号	项目名称	项目类别	列入时间	批次	保护单位/所在单位
108	莫式面塑	传统技艺	2021年	第四批	荣昌区昌元街道翰香阁景观设计室
109	蒲式夏布筘制作技艺	传统技艺	2021年	第四批	荣昌区盘龙镇综合文化服务中心
110	蔡氏双面带编织技艺	传统技艺	2021年	第四批	荣昌区盘龙镇综合文化服务中心
111	万灵灰水粽制作技艺	传统技艺	2021年	第四批	荣昌区万灵镇综合文化服务中心
112	清升白酒传统酿造技艺	传统技艺	2021年	第四批	荣昌区清升镇老白酒厂
113	"秦老五"麻花制作技艺	传统技艺	2021年	第四批	重庆溢彩轩食品有限公司
114	荣昌客家九大碗传统菜肴制作技艺	传统技艺	2021年	第四批	重庆椿林聚业食品有限公司
115	�海椒制作技艺	传统技艺	2021年	第四批	重庆椿林聚业食品有限公司

注　以上115项加上市级以上代表性项目23项，共计命名138项。

附录四　荣昌区国家级非物质文化遗产代表性传承人名单（5名）

序号	姓名	性别	项目名称	保护单位/所在单位	获得时间及文件批次
1	颜坤吉	男	夏布织造技艺	荣昌区文化馆、盘龙镇文化站	第三批2009年
2	陈子福	男	制扇技艺（荣昌折扇）	荣昌区文化馆	第三批2009年
3	梁先才	男	陶器烧制技艺（荣昌陶器制作技艺）	荣昌区文化馆、安富街道文化服务中心	第五批2018年
4	罗天锡	男	陶器烧制技艺（荣昌陶器制作技艺）	荣昌区文化馆、安富街道文化服务中心	第五批2018年
5	李俭康	男	夏布织造技艺	荣昌区文化馆、盘龙镇文化服务中心	第五批2018年

注　表中加框字体已为该传承人已去世。现有在世国家级代表性传承人4名。

附录五　荣昌区市级非物质文化遗产代表性传承人名单（45名）

序号	姓名	性别	项目名称	保护单位/所在单位	获得时间及文件批次
1	陈子福	男	荣昌折扇	昌元街道文化服务中心	第一批2009年
2	罗天锡	男	荣昌陶器	安富街道文化服务中心	第一批2009年
3	梁先才	男	荣昌陶器	安富街道文化服务中心	第一批2009年
4	李俭康	男	荣昌夏布	盘龙镇文化服务中心	第一批2009年
5	肖文桓	男	荣昌陶器	安富街道文化服务中心	第一批2009年
6	王平浩	男	荣昌折扇	昌元街道文化服务中心	第一批2009年
7	范正贵	男	荣昌折扇	昌元街道文化服务中心	第一批2009年
8	张文英	女	荣昌折扇	昌元街道文化服务中心	第一批2009年
9	高明江	男	尝新	广顺街道文化服务中心	第一批2009年
10	颜坤吉	男	荣昌夏布	盘龙镇文化服务中心	第一批2009年
11	何邦辉	男	尝新	广顺街道文化服务中心	第一批2009年
12	罗其清	男	荣昌杀年猪习俗	万灵镇综合文化站	第二批2010年
13	黄仕惠	男	荣昌夏布	盘龙镇文化服务中心	第一批2009年
14	黄常维	男	清江黄氏杂技	清江镇文化服务中心	第二批2010年
15	张俊德	男	荣昌陶器	安富街道文化服务中心	第二批2010年
16	于正国	男	荣昌缠丝拳	荣昌区缠丝拳协会	第二批2010年
17	邹朝文	男	荣昌缠丝拳	荣昌区缠丝拳协会	第二批2010年
18	曹礼伦	男	荣昌杀年猪习俗	万灵镇综合文化站	第二批2010年
19	蒋泽光	男	金钱板	荣昌区文化馆	第三批2012年
20	黄常准	男	清江黄氏杂技	清江镇文化中心	第三批2012年
21	罗德建	男	荣昌卤白鹅制作技艺	昌元街道文化服务中心、荣昌区餐饮协会	第三批2012年
22	刘忠原	男	河包肉龙	河包镇文化服务中心	第四批2014年
23	古朝双	男	河包肉龙	河包镇文化服务中心	第四批2014年

续表

序号	姓名	性别	项目名称	保护单位/所在单位	获得时间及文件批次
24	李开军	男	荣昌折扇	荣昌区文化馆	第四批2014年
25	向新华	男	荣昌陶器	荣昌区文化馆	第四批2014年
26	钟鸣	男	荣昌陶器	荣昌区文化馆	第四批2014年
27	蒋远武	男	荣昌缠丝拳	荣昌区缠丝拳协会	第五批2017年
28	倪天贵	男	荣昌角雕	荣昌区倪牛角工艺品厂	第五批2017年
29	彭智勇	男	苏家拳	荣昌区武术协会	第五批2017年
30	陈善友	男	小洪拳	荣昌区武术协会	第五批2017年
31	刘吉芬	男	荣昌陶器	安富街道文化服务中心	第六批2022年
32	梁洪萍	女	荣昌陶器	安富街道文化服务中心	第六批2022年
33	肖祥洪	男	荣昌陶器	安富街道文化服务中心	第六批2022年
34	范鸣	女	荣昌陶器	安富街道文化服务中心	第六批2022年
35	金洪流	男	荣昌折扇	昌元街道文化服务中心	第六批2022年
36	黄秀英	女	荣昌夏布	荣昌区文化馆	第六批2022年
37	马琳沁	女	荣昌夏布	盘龙镇文化服务中心	第六批2022年
38	颜先英	女	荣昌夏布	荣昌区文化馆	第六批2022年
39	林绍洪	男	荣昌卤白鹅制作技艺	荣昌区餐饮协会、荣昌区昌元街道社区文化服务中心	第六批2022年
40	邱高利	女	荣昌角雕	荣昌区倪牛角工艺品公司	第六批2022年
41	张志国	男	烧酒房传统酿造技艺	重庆安陶酒业有限公司	第六批2022年
42	林居权	男	重庆小面制作技艺（荣昌铺盖面制作技艺）	荣昌区双河街道社区文化服务中心	第六批2022年
43	郑国军	男	旱蒸牛肉制作技艺	荣昌区牛鹅情食品公司	第六批2022年
44	何华元	男	何氏点熨灸治术	荣昌区昌元街道何华元中草药房	第六批2022年
45	戴其君	男	小洪拳	荣昌区武术协会	第六批2022年

注　表中加粗人名意为该传承人既为市级项目代表性传承人，又为国家级项目代表性传承人；表中加框字体意为该传承人已去世。现有市级代表性传承人37名。

附录六　荣昌区区级非物质文化遗产代表性传承人名单（466名）

序号	姓名	性别	项目名称	保护单位/所在单位	获得时间及文件批次
1	谢勇君	男	荣昌缠丝拳	荣昌区缠丝拳协会	第一批2010年
2	陈忠秋	男	荣昌缠丝拳	荣昌区缠丝拳协会	第一批2010年
3	于正国	男	荣昌缠丝拳	荣昌区缠丝拳协会	第一批2010年
4	邹朝文	男	荣昌缠丝拳	荣昌区缠丝拳协会	第一批2010年
5	黄常友	男	清江黄氏杂技	清江镇文化服务中心	第一批2010年
6	黄常维	男	清江黄氏杂技	清江镇文化服务中心	第一批2010年
7	黄常准	男	清江黄氏杂技	清江镇文化服务中心	第一批2010年
8	陈子福	男	荣昌折扇	昌元街道文化服务中心	第一批2010年
9	王平浩	男	荣昌折扇	昌元街道文化服务中心	第一批2010年
10	范正贵	男	荣昌折扇	昌元街道文化服务中心	第一批2010年
11	张文英	女	荣昌折扇	昌元街道文化服务中心	第一批2010年
12	黄仕惠	男	荣昌夏布	盘龙镇文化服务中心	第一批2010年
13	颜坤吉	男	荣昌夏布	盘龙镇文化服务中心	第一批2010年
14	李俭康	男	荣昌夏布	盘龙镇文化服务中心	第一批2010年
15	罗天锡	男	荣昌陶器	安富街道文化服务中心	第一批2010年
16	梁先才	男	荣昌陶器	安富街道文化服务中心	第一批2010年
17	肖文桓	男	荣昌陶器	安富街道文化服务中心	第一批2010年
18	张俊德	男	荣昌陶器	安富街道文化服务中心	第一批2010年
19	高明江	男	尝新	广顺街道文化服务中心	第一批2010年
20	何邦辉	男	尝新	广顺街道文化服务中心	第一批2010年
21	罗其清	男	荣昌杀年猪习俗	万灵镇文化服务中心	第一批2010年

续表

序号	姓名	性别	项目名称	保护单位/所在单位	获得时间及文件批次
22	**曹礼伦**	男	荣昌杀年猪习俗	万灵镇文化服务中心	第一批2010年
23	陈昌均	男	荣昌杀年猪习俗	万灵镇文化服务中心	第一批2010年
24	**陈善友**	男	小洪拳	河包镇文化服务中心	第二批2012年
25	唐茂书	男	小洪拳	河包镇文化服务中心	第二批2012年
26	蔡忠全	男	万灵龙舟	万灵镇文化服务中心	第二批2012年
27	蔡忠伦	男	万灵龙舟	万灵镇文化服务中心	第二批2012年
28	陈伦全	男	荣昌缠丝拳	万灵镇文化服务中心	第二批2012年
29	蔡义耕	男	荣昌缠丝拳	荣昌区武术协会	第二批2012年
30	周红兵	男	荣昌缠丝拳	荣昌区武术协会	第二批2012年
31	钱鼎文	男	荣昌缠丝拳	荣昌区武术协会	第二批2012年
32	**肖祥洪**	男	荣昌陶器	安富街道文化服务中心	第二批2012年
33	**向兴华（向新华）**	男	荣昌陶器	安富街道文化服务中心	第二批2012年
34	罗艳	女	荣昌陶器	安富街道文化服务中心	第二批2012年
35	**范鸣**	女	荣昌陶器	安富街道文化服务中心	第二批2012年
36	钟德江	男	荣昌陶器	安富街道文化服务中心	第二批2012年
37	**钟鸣**	男	荣昌陶器	安富街道文化服务中心	第二批2012年
38	周银光	男	荣昌陶器	安富街道文化服务中心	第二批2012年
39	周光建	男	荣昌陶器	安富街道文化服务中心	第二批2012年
40	严昌成	男	荣昌陶器	安富街道文化服务中心	第二批2012年
41	肖祥君	女	荣昌陶器	安富街道文化服务中心	第二批2012年
42	贺元刚	男	荣昌陶器	安富街道文化服务中心	第二批2012年
43	**梁洪萍**	女	荣昌陶器	安富街道文化服务中心	第二批2012年

序号	姓名	性别	项目名称	保护单位/所在单位	获得时间及文件批次
44	梁善君	男	荣昌陶器	安富街道文化服务中心	第二批2012年
45	刘吉芬	男	荣昌陶器	安富街道文化服务中心	第二批2012年
46	黄志祥	男	焰火架	双河街道文化服务中心	第二批2012年
47	李恭军	男	荣昌夏布	易合纺织公司	第二批2012年
48	潘正努	男	荣昌夏布	易合纺织公司	第二批2012年
49	黄良谓	男	荣昌夏布	易合纺织公司	第二批2012年
50	苏佳容	女	荣昌夏布	易合纺织公司	第二批2012年
51	周继琼	女	荣昌夏布	易合纺织公司	第二批2012年
52	金洪流	男	荣昌折扇	昌元街道文化服务中心	第二批2012年
53	邱高利	女	荣昌折扇	昌元街道文化服务中心	第二批2012年
54	温运和	男	荣昌折扇	昌元街道文化服务中心	第二批2012年
55	李开军	男	荣昌折扇	昌元街道文化服务中心	第二批2012年
56	付爱东	男	荣昌折扇	昌元街道文化服务中心	第二批2012年
57	刘应琼	女	荣昌折扇	昌元街道文化服务中心	第二批2012年
58	邹朝文	男	卤白鹅	昌元街道文化服务中心	第二批2012年
59	姜世贵	男	卤白鹅	昌元街道文化服务中心	第二批2012年
60	罗德建	男	卤白鹅	昌元街道文化服务中心	第二批2012年
61	张银珍	女	黄凉粉	昌元街道文化服务中心	第二批2012年
62	周久荣	男	黄凉粉	昌元街道文化服务中心	第二批2012年
63	彭其斌	男	纸扎技艺	河包镇文化服务中心	第二批2012年
64	朱宗礼	男	亭子戏	河包镇文化服务中心	第二批2012年
65	古朝龙	男	河包肉龙	河包镇文化服务中心	第二批2012年
66	刘忠原	男	河包肉龙	河包镇文化服务中心	第二批2012年

非遗荣昌

——重庆市荣昌区非物质文化遗产保护名录汇编

续表

序号	姓名	性别	项目名称	保护单位/所在单位	获得时间及文件批次
67	罗林昌	男	荣昌杀年猪习俗	万灵镇文化服务中心	第二批2012年
68	曹兴德	男	荣昌杀年猪习俗	万灵镇文化服务中心	第二批2012年
69	罗国巨	男	放河灯	万灵镇文化服务中心	第二批2012年
70	罗泽远	男	放河灯	万灵镇文化服务中心	第二批2012年
71	王春生	男	道场绘画	仁义镇文化服务中心	第二批2012年
72	蒋泽光	男	金钱板	荣昌区文化馆	第二批2012年
73	蒋荣璐	女	金钱板	荣昌区文化馆	第二批2012年
74	廖中蓉	女	车灯	河包镇文化服务中心	第二批2012年
75	戴其君	男	小洪拳	荣昌区武术协会	第三批2014年
76	唐 旭	男	荣昌缠丝拳	荣昌区武术协会	第三批2014年
77	颜太彬	男	荣昌夏布	盘龙镇文化服务中心	第三批2014年
78	李家辉	男	荣昌夏布	盘龙镇文化服务中心	第三批2014年
79	李让军	男	荣昌夏布	盘龙镇文化服务中心	第三批2014年
80	黄秀英	女	荣昌夏布	盘龙镇文化服务中心	第三批2014年
81	綦 涛	女	荣昌夏布	盘龙镇文化服务中心	第三批2014年
82	倪天贵	男	角雕	荣昌倪牛角工艺品公司	第三批2014年
83	古朝光	男	河包肉龙	河包镇文化服务中心	第三批2014年
84	古朝双	男	河包肉龙	河包镇文化服务中心	第三批2014年
85	蔡万亨	男	万灵民间故事	万灵镇文化服务中心	第四批2016年
86	杨胜华	男	万灵民间故事	万灵镇文化服务中心	第四批2016年
87	李相荣	男	肉龙舞	河包镇文化服务中心	第四批2016年
88	黄叔杰	男	肉龙舞	河包镇文化服务中心	第四批2016年
89	周宗杰	男	肉龙舞	河包镇文化服务中心	第四批2016年

序号	姓名	性别	项目名称	保护单位/所在单位	获得时间及文件批次
90	刘忠德	男	肉龙舞	河包镇文化服务中心	第四批2016年
91	谢民亮	男	狮舞系列	河包镇文化服务中心	第四批2016年
92	谢民堂	男	狮舞系列	河包镇文化服务中心	第四批2016年
93	唐再洪	男	狮舞系列	河包镇文化服务中心	第四批2016年
94	程友芳	女	彩船舞	仁义镇文化服务中心	第四批2016年
95	陈淑秀	女	川剧	区川剧协会	第四批2016年
96	雷亚南	男	川剧	区川剧协会	第四批2016年
97	赵 刚	男	川剧	区川剧协会	第四批2016年
98	程丛林	男	川剧	区川剧协会	第四批2016年
99	蓝 波	男	川剧	区川剧协会	第四批2016年
100	吕麟美	女	川剧	区川剧协会	第四批2016年
101	陈贵辛	男	车灯	河包镇文化服务中心	第四批2016年
102	罗国彬	男	万灵镇游艺系列	万灵镇文化服务中心	第四批2016年
103	尹 梅	女	万灵镇游艺系列	万灵镇文化服务中心	第四批2016年
104	廖正伦	男	苏家拳	荣昌区武术协会	第四批2016年
105	彭智勇	男	苏家拳	荣昌区武术协会	第四批2016年
106	肖正林	男	苏家拳	荣昌区武术协会	第四批2016年
107	郭 强	男	苏家拳	荣昌区武术协会	第四批2016年
108	蒋远武	男	缠丝拳	荣昌区缠丝拳协会	第四批2016年
109	于天富	男	缠丝拳	荣昌区缠丝拳协会	第四批2016年
110	叶兆元	男	缠丝拳	荣昌区缠丝拳协会	第四批2016年
111	朱昭贵	男	缠丝拳	荣昌区缠丝拳协会	第四批2016年
112	王文华	男	缠丝拳	荣昌区缠丝拳协会	第四批2016年

续表

序号	姓名	性别	项目名称	保护单位/所在单位	获得时间及文件批次
113	李大明	男	缠丝拳	荣昌区缠丝拳协会	第四批2016年
114	刘才洪	男	缠丝拳	荣昌区缠丝拳协会	第四批2016年
115	冷定才	男	缠丝拳	荣昌区缠丝拳协会	第四批2016年
116	胡 宽	男	缠丝拳	荣昌区缠丝拳协会	第四批2016年
117	郭 彬	男	缠丝拳	荣昌区缠丝拳协会	第四批2016年
118	王明义	男	缠丝拳	荣昌区缠丝拳协会	第四批2016年
119	钟 荣	男	缠丝拳	荣昌区缠丝拳协会	第四批2016年
120	刘兴国	男	缠丝拳	荣昌区缠丝拳协会	第四批2016年
121	黄奎周	男	缠丝拳	荣昌区缠丝拳协会	第四批2016年
122	周富群	男	缠丝拳	荣昌区缠丝拳协会	第四批2016年
123	邓昌德	女	缠丝拳	荣昌区缠丝拳协会	第四批2016年
124	唐 波	男	缠丝拳	荣昌区缠丝拳协会	第四批2016年
125	李君文	男	缠丝拳	荣昌区缠丝拳协会	第四批2016年
126	叶嗣贵	男	缠丝拳	荣昌区缠丝拳协会	第四批2016年
127	叶昌良	男	缠丝拳	荣昌区缠丝拳协会	第四批2016年
128	唐国超	男	缠丝拳	荣昌区缠丝拳协会	第四批2016年
129	何思全	男	缠丝拳	荣昌区缠丝拳协会	第四批2016年
130	田显达	男	缠丝拳	荣昌区缠丝拳协会	第四批2016年
131	兰胜才	男	缠丝拳	荣昌区缠丝拳协会	第四批2016年
132	吴良辉	男	缠丝拳	荣昌区缠丝拳协会	第四批2016年
133	武文华	男	缠丝拳	荣昌区缠丝拳协会	第四批2016年
134	左光六	男	缠丝拳	荣昌区缠丝拳协会	第四批2016年
135	唐义彬	男	缠丝拳	荣昌区缠丝拳协会	第四批2016年
136	刘远才	男	缠丝拳	荣昌区缠丝拳协会	第四批2016年

续表

序号	姓名	性别	项目名称	保护单位/所在单位	获得时间及文件批次
137	张俊才	男	缠丝拳	荣昌区缠丝拳协会	第四批2016年
138	魏富超	男	缠丝拳	荣昌区缠丝拳协会	第四批2016年
139	吕　剑	男	缠丝拳	荣昌区缠丝拳协会	第四批2016年
140	黄常纯	男	高台杂耍	清江镇文化服务中心	第四批2016年
141	黄卜星	男	黄氏轻功	清江镇文化服务中心	第四批2016年
142	胡长江	男	水火流星	清江镇文化服务中心	第四批2016年
143	黄常友	男	硬气功	清江镇文化服务中心	第四批2016年
144	董长锋	男	小洪拳	荣昌区武术协会	第四批2016年
145	高　东	男	小洪拳	荣昌区武术协会	第四批2016年
146	任小丰	男	小洪拳	荣昌区武术协会	第四批2016年
147	陈　强	男	小洪拳	河包镇文化服务中心	第四批2016年
148	陈远传	男	小洪拳	河包镇文化服务中心	第四批2016年
149	陈启才	男	小洪拳	河包镇文化服务中心	第四批2016年
150	钟时海	男	小洪拳	河包镇文化服务中心	第四批2016年
151	唐生坚	男	小洪拳	河包镇文化服务中心	第四批2016年
152	曹礼辉	男	小洪拳	河包镇文化服务中心	第四批2016年
153	廖和周	男	小洪拳	河包镇文化服务中心	第四批2016年
154	黄和顺	男	小洪拳	河包镇文化服务中心	第四批2016年
155	陈隆明	男	小洪拳	河包镇文化服务中心	第四批2016年
156	周星成	男	小洪拳	河包镇文化服务中心	第四批2016年
157	陈久连	男	小洪拳	河包镇文化服务中心	第四批2016年
158	张　彦	男	小洪拳	河包镇文化服务中心	第四批2016年
159	卜广斌	男	小洪拳	河包镇文化服务中心	第四批2016年
160	何馥贝	女	小洪拳	河包镇文化服务中心	第四批2016年

续表

序号	姓名	性别	项目名称	保护单位/所在单位	获得时间及文件批次
161	郭小彬	男	小洪拳	河包镇文化服务中心	第四批2016年
162	姚安全	男	小洪拳	河包镇文化服务中心	第四批2016年
163	罗富玉	女	荣昌民间摔跤	荣昌区体育中心	第四批2016年
164	魏常船	男	荣昌民间摔跤	荣昌区体育中心	第四批2016年
165	刘吉棠	男	荣昌陶器	安富街道文化服务中心	第四批2016年
166	刘吉华	男	荣昌陶器	安富街道文化服务中心	第四批2016年
167	刘 冬	男	荣昌陶器	安富街道文化服务中心	第四批2016年
168	朱祖武	男	荣昌陶器	安富街道文化服务中心	第四批2016年
169	肖亚岑	女	荣昌陶器	安富街道文化服务中心	第四批2016年
170	郭绍清	女	荣昌陶器	安富街道文化服务中心	第四批2016年
171	郭绍明	男	荣昌陶器	安富街道文化服务中心	第四批2016年
172	周 健	男	荣昌陶器	安富街道文化服务中心	第四批2016年
173	贺玉彪	男	荣昌陶器	安富街道文化服务中心	第四批2016年
174	贺玉梅	女	荣昌陶器	安富街道文化服务中心	第四批2016年
175	郭 磊	男	荣昌陶器	安富街道文化服务中心	第四批2016年
176	郭绍禄	男	荣昌陶器	安富街道文化服务中心	第四批2016年
177	左孝芳	女	荣昌陶器	安富街道文化服务中心	第四批2016年
178	罗 莎	女	荣昌陶器	安富街道文化服务中心	第四批2016年
179	田玉川	男	荣昌陶器	安富街道文化服务中心	第四批2016年
180	李天英	女	荣昌陶器	安富街道文化服务中心	第四批2016年
181	刘吉刚	男	荣昌陶器	安富街道文化服务中心	第四批2016年
182	田 密	女	荣昌陶器	安富街道文化服务中心	第四批2016年
183	刘 宁	女	荣昌陶器	安富街道文化服务中心	第四批2016年
184	吴祖丽	女	荣昌陶器	安富街道文化服务中心	第四批2016年

续表

序号	姓名	性别	项目名称	保护单位/所在单位	获得时间及文件批次
185	周玉芬	女	荣昌陶器	安富街道文化服务中心	第四批 2016年
186	刁显超	男	荣昌陶器	安富街道文化服务中心	第四批 2016年
187	傅秋龙	男	荣昌陶器	安富街道文化服务中心	第四批 2016年
188	李绍荣	男	荣昌陶器	安富街道文化服务中心	第四批 2016年
189	黄贵芳	女	荣昌陶器	安富街道文化服务中心	第四批 2016年
190	肖祥成	男	荣昌陶器	安富街道文化服务中心	第四批 2016年
191	张洪书	男	荣昌陶器	安富街道文化服务中心	第四批 2016年
192	金治国	女	荣昌陶器	安富街道文化服务中心	第四批 2016年
193	王 艳	男	荣昌陶器	安富街道文化服务中心	第四批 2016年
194	李佑荣	男	荣昌陶器	安富街道文化服务中心	第四批 2016年
195	饶克美	女	荣昌陶器	安富街道文化服务中心	第四批 2016年
196	罗天惠	女	荣昌陶器	安富街道文化服务中心	第四批 2016年
197	林荣青	女	荣昌陶器	安富街道文化服务中心	第四批 2016年
198	周寅初	男	荣昌陶器	安富街道文化服务中心	第四批 2016年
199	杨 磊	男	荣昌陶器	安富街道文化服务中心	第四批 2016年
200	林柏灼	男	荣昌陶器	安富街道文化服务中心	第四批 2016年
201	林诚忠	男	荣昌陶器	安富街道文化服务中心	第四批 2016年
202	郭绍全	男	荣昌陶器	安富街道文化服务中心	第四批 2016年
203	张 林	男	荣昌陶器	安富街道文化服务中心	第四批 2016年
204	吕玉成	男	荣昌陶器	安富街道文化服务中心	第四批 2016年
205	李 智	男	荣昌陶器	安富街道文化服务中心	第四批 2016年
206	刁扬洋	女	荣昌陶器	安富街道文化服务中心	第四批 2016年
207	周怀英	女	荣昌陶器	安富街道文化服务中心	第四批 2016年
208	钟佳言	女	荣昌陶器	安富街道文化服务中心	第四批 2016年

续表

序号	姓名	性别	项目名称	保护单位/所在单位	获得时间及文件批次
209	梁先华	男	荣昌陶器	安富街道文化服务中心	第四批2016年
210	邓运刚	男	荣昌陶器	安富街道文化服务中心	第四批2016年
211	毛建崇	男	荣昌陶器	安富街道文化服务中心	第四批2016年
212	李加兴	男	荣昌陶器	安富街道文化服务中心	第四批2016年
213	梁善修	男	荣昌陶器	荣隆镇文化服务中心	第四批2016年
214	梁 耀	男	荣昌陶器	荣隆镇文化服务中心	第四批2016年
215	梁善友	男	荣昌陶器	荣隆镇文化服务中心	第四批2016年
216	梁小平	男	荣昌陶器	荣隆镇文化服务中心	第四批2016年
217	梁 勇	男	荣昌陶器	荣隆镇文化服务中心	第四批2016年
218	李俭明	男	荣昌夏布	盘龙镇文化服务中心	第四批2016年
219	颜太贵	男	荣昌夏布	盘龙镇文化服务中心	第四批2016年
220	谢守华	男	荣昌夏布	盘龙镇文化服务中心	第四批2016年
221	夏朝素	女	荣昌夏布	盘龙镇文化服务中心	第四批2016年
222	张家发	男	荣昌夏布	盘龙镇文化服务中心	第四批2016年
223	龙远盛	男	荣昌夏布	盘龙镇文化服务中心	第四批2016年
224	曹金祥	男	荣昌夏布	盘龙镇文化服务中心	第四批2016年
225	马义先	男	荣昌夏布	盘龙镇文化服务中心	第四批2016年
226	黄昌根	男	荣昌夏布	盘龙镇文化服务中心	第四批2016年
227	周伦秀	女	荣昌夏布	盘龙镇文化服务中心	第四批2016年
228	周伦江	男	荣昌夏布	盘龙镇文化服务中心	第四批2016年
229	钟和容	女	荣昌夏布	盘龙镇文化服务中心	第四批2016年
230	杨宗秀	女	荣昌夏布	盘龙镇文化服务中心	第四批2016年
231	颜坤碧	男	荣昌夏布	盘龙镇文化服务中心	第四批2016年
232	古家洪	男	荣昌夏布	盘龙镇文化服务中心	第四批2016年

续表

序号	姓名	性别	项目名称	保护单位/所在单位	获得时间及文件批次
233	古家丽	女	荣昌夏布	盘龙镇文化服务中心	第四批 2016年
234	李厚碧	女	荣昌夏布	盘龙镇文化服务中心	第四批 2016年
235	李恭素	女	荣昌夏布	盘龙镇文化服务中心	第四批 2016年
236	卿皇细	女	荣昌夏布	盘龙镇文化服务中心	第四批 2016年
237	黄 燕	女	荣昌折扇	荣昌区文化馆	第四批 2016年
238	兰祥源	男	荣昌折扇	荣昌区文化馆	第四批 2016年
239	陈泽华	男	荣昌折扇	荣昌区文化馆	第四批 2016年
240	唐定金	男	亭子戏	河包镇文化服务中心	第四批 2016年
241	甘国彬	男	纸扎技艺	河包镇文化服务中心	第四批 2016年
242	张志国	男	烧酒房传统酿造技艺	重庆安陶酒业有限公司	第四批 2016年
243	陈启义	男	烧酒房传统酿造技艺	重庆安陶酒业有限公司	第四批 2016年
244	王荫林	男	烧酒房传统酿造技艺	重庆安陶酒业有限公司	第四批 2016年
245	邹松柏	男	烧酒房传统酿造技艺	重庆安陶酒业有限公司	第四批 2016年
246	司永华	男	直升白酒酿造工艺	直升镇文化服务中心	第四批 2016年
247	张光树	男	直升白酒酿造工艺	直升镇文化服务中心	第四批 2016年
248	张盍宾	男	直升白酒酿造工艺	直升镇文化服务中心	第四批 2016年
249	张大义	男	书画装裱与修复	昌元街道文化服务中心	第四批 2016年
250	莫小兵	男	书画装裱与修复	昌元街道文化服务中心	第四批 2016年
251	吴云平	男	核雕	昌元街道文化服务中心	第四批 2016年
252	王春生	男	石雕	仁义镇文化服务中心	第四批 2016年

续表

序号	姓名	性别	项目名称	保护单位/所在单位	获得时间及文件批次
253	李开华	男	石雕	仁义镇文化服务中心	第四批2016年
254	黄廷刚	男	粉条制作	河包镇文化服务中心	第四批2016年
255	满自国	男	木雕	双河街道文化服务中心	第四批2016年
256	满自国	男	根雕	双河街道文化服务中心	第四批2016年
257	林居权	男	铺盖面	双河街道文化服务中心	第四批2016年
258	刘任明	男	传统制茶	清升镇文化服务中心	第四批2016年
259	黄常彪	男	粉蒸鱼制作	清江镇文化服务中心	第四批2016年
260	黄常彪	男	豆豉鱼制作	清江镇文化服务中心	第四批2016年
261	甘显奎	男	土法造纸	广顺街道文化服务中心	第四批2016年
262	郭德双	男	髹漆技艺	广顺街道文化服务中心	第四批2016年
263	周志金	男	龙狮制作	广顺街道文化服务中心	第四批2016年
264	陈绍木	男	荣昌糟酒酿造	区文化馆	第四批2016年
265	胡发海	男	罗盘定位找水法	区文化馆	第四批2016年
266	胡吉胜	男	罗盘定位找水法	区文化馆	第四批2016年
267	陈伦全	男	罗盘定位找水法	区文化馆	第四批2016年
268	刘光泽	男	雕刻技艺	万灵镇文化服务中心	第四批2016年
269	林绍洪	男	卤白鹅	荣昌区三惠鹅府有限公司	第四批2016年
270	邹杰	男	卤白鹅	荣昌区三惠鹅府有限公司	第四批2016年
271	甘林	男	卤白鹅	昌元街道文化服务中心	第四批2016年
272	唐旭	男	传统丹药炼制	区文化馆	第四批2016年
273	陈善友	男	中医正骨	河包镇文化服务中心	第四批2016年

续表

序号	姓名	性别	项目名称	保护单位/所在单位	获得时间及文件批次
274	覃树荣	男	蛇伤中药炼制	河包镇文化服务中心	第四批 2016 年
275	曹正达	男	毒疮膏炼制	河包镇文化服务中心	第四批 2016 年
276	王兴国	男	艾灸熨烫疗法	仁义镇文化服务中心	第四批 2016 年
277	史贤昌	男	中医正骨	峰高街道文化服务中心	第四批 2016 年
278	廖忠财	男	家族祭祖	峰高街道文化服务中心	第四批 2016 年
279	廖世海	男	家族祭祖	峰高街道文化服务中心	第四批 2016 年
280	刘光琼	女	七夕习俗	万灵镇文化服务中心	第四批 2016 年
281	甘立俊	男	七夕习俗	万灵镇文化服务中心	第四批 2016 年
282	黄廷芳	女	中秋习俗	万灵镇文化服务中心	第四批 2016 年
283	张秀昌	女	中秋习俗	万灵镇文化服务中心	第四批 2016 年
284	邹永平	女	重阳节习俗	万灵镇文化服务中心	第四批 2016 年
285	王周明	女	重阳节习俗	万灵镇文化服务中心	第四批 2016 年
286	罗林昌	男	传统养猪习俗	万灵镇文化服务中心	第四批 2016 年
287	熊　练	男	传统养猪习俗	万灵镇文化服务中心	第四批 2016 年
288	尹国建	男	禹王宫庙会	万灵镇文化服务中心	第四批 2016 年
289	曹让君	男	禹王宫庙会	万灵镇文化服务中心	第四批 2016 年
290	雷荣康	男	书院祭孔	万灵镇文化服务中心	第四批 2016 年
291	喻侬华	男	书院祭孔	万灵镇文化服务中心	第四批 2016 年
292	刘守琪	男	火神庙会	安富街道文化服务中心	第四批 2016 年
293	林洪燚	男	火神庙会	安富街道文化服务中心	第四批 2016 年
294	刘吉芬	男	陶神祭祀	安富街道文化服务中心	第四批 2016 年
295	吕玉成	男	陶神祭祀	安富街道文化服务中心	第四批 2016 年
296	梁先才	男	窑王祭祀	安富街道文化服务中心	第四批 2016 年
297	朱显寿	男	客家祭祖	盘龙镇文化服务中心	第四批 2016 年

续表

序号	姓名	性别	项目名称	保护单位/所在单位	获得时间及文件批次
298	李家辉	男	客家春节习俗	盘龙镇文化服务中心	第四批 2016年
299	颜太贵	男	客家春节习俗	盘龙镇文化服务中心	第四批 2016年
300	王千贵	男	铁水花	远觉镇文化服务中心	第四批 2016年
301	王千才	男	铁水花	远觉镇文化服务中心	第四批 2016年
302	杨青	女	荣昌夏布	重庆感懒树文化交流公司	第五批 2018年
303	廖恩伟	女	荣昌夏布	重庆弘居文化传播有限公司	第五批 2018年
304	颜先英	女	荣昌夏布	盘龙镇文化服务中心	第五批 2018年
305	尹春莲	女	荣昌折扇	荣昌区秀壹号折扇坊	第五批 2018年
306	张奇锋	男	荣昌陶器	荣昌美陶文化创意工作室	第五批 2018年
307	唐绍莉	女	荣昌陶器	安富街道文化服务中心	第六批 2019年
308	陈家明	男	荣昌陶器	安富街道文化服务中心	第六批 2019年
309	欧邦文	男	荣昌陶器	安富街道文化服务中心	第六批 2019年
310	吕华	男	荣昌陶器	安富街道文化服务中心	第六批 2019年
311	李才翔	男	荣昌陶器	安富街道文化服务中心	第六批 2019年
312	唐华	男	荣昌陶器	安富街道文化服务中心	第六批 2019年
313	谭杰	男	荣昌陶器	安富街道文化服务中心	第六批 2019年
314	胡露	女	荣昌陶器	安富街道文化服务中心	第六批 2019年
315	梁先贵	男	荣昌陶器	安富街道文化服务中心	第六批 2019年
316	刘帝孝	男	荣昌陶器	安富街道文化服务中心	第六批 2019年
317	刘自然	男	荣昌陶器	安富街道文化服务中心	第六批 2019年
318	刘彪	男	荣昌陶器	安富街道文化服务中心	第六批 2019年
319	郭已靖	男	荣昌陶器	安富街道文化服务中心	第六批 2019年

续表

序号	姓名	性别	项目名称	保护单位/所在单位	获得时间及文件批次
320	林安富	男	荣昌陶器	安富街道文化服务中心	第六批2019年
321	周 俊	男	荣昌陶器	安富街道文化服务中心	第六批2019年
322	郭祖华	男	荣昌陶器	安富街道文化服务中心	第六批2019年
323	胡国清	男	荣昌陶器	安富街道文化服务中心	第六批2019年
324	林 杰	男	荣昌陶器	安富街道文化服务中心	第六批2019年
325	陈维贵	男	荣昌陶器	安富街道文化服务中心	第六批2019年
326	郭祖燕	女	荣昌陶器	安富街道文化服务中心	第六批2019年
327	刘 欢	男	荣昌陶器	安富街道文化服务中心	第六批2019年
328	周之龙	男	荣昌陶器	安富街道文化服务中心	第六批2019年
329	傅长金	男	荣昌陶器	安富街道文化服务中心	第六批2019年
330	陈跃军	男	荣昌陶器	安富街道文化服务中心	第六批2019年
331	刘忠英	女	荣昌陶器	安富街道文化服务中心	第六批2019年
332	高丹英	女	荣昌陶器	安富街道文化服务中心	笫六批2019年
333	刘家利	女	荣昌陶器	安富街道文化服务中心	第六批2019年
334	饶克平	女	荣昌陶器	安富街道文化服务中心	第六批2019年
335	邹寒斗	女	荣昌陶器	安富街道文化服务中心	第六批2019年
336	魏必珍	女	荣昌陶器	安富街道文化服务中心	第六批2019年
337	赖家红	女	荣昌陶器	安富街道文化服务中心	第六批2019年
338	李明琼	女	荣昌陶器	安富街道文化服务中心	第六批2019年
339	林贤碧	女	荣昌陶器	安富街道文化服务中心	第六批2019年
340	李世菊	女	荣昌陶器	安富街道文化服务中心	第六批2019年
341	郑国芬	女	荣昌陶器	安富街道文化服务中心	第六批2019年
342	张贤丹	女	荣昌陶器	安富街道文化服务中心	第六批2019年
343	张 焰	女	荣昌陶器	安富街道文化服务中心	第六批2019年

续表

序号	姓名	性别	项目名称	保护单位/所在单位	获得时间及文件批次
344	刘忠坤	女	荣昌陶器	安富街道文化服务中心	第六批 2019年
345	窦晓红	女	荣昌陶器	安富街道文化服务中心	第六批 2019年
346	陈春梅	女	荣昌陶器	安富街道文化服务中心	第六批 2019年
347	刘 静	女	荣昌陶器	安富街道文化服务中心	第六批 2019年
348	杨 敏	女	荣昌陶器	安富街道文化服务中心	第六批 2019年
349	陈 婷	女	荣昌陶器	安富街道文化服务中心	第六批 2019年
350	刘吉桓	男	荣昌陶器	安富街道文化服务中心	第六批 2019年
351	张 恒	男	荣昌陶器	安富街道文化服务中心	第六批 2019年
352	李 伟	男	荣昌陶器	安富街道文化服务中心	第六批 2019年
353	张艳艳	女	荣昌陶器	安富街道文化服务中心	第六批 2019年
354	刁杨静	女	荣昌陶器	安富街道文化服务中心	第六批 2019年
355	邓林茂	男	荣昌陶器	安富街道文化服务中心	第六批 2019年
356	李志鹏	男	荣昌陶器	安富街道文化服务中心	第六批 2019年
357	彭文强	男	荣昌陶器	安富街道文化服务中心	第六批 2019年
358	宋 巍	女	荣昌陶器	安富街道文化服务中心	第六批 2019年
359	粟 坤	女	荣昌陶器	安富街道文化服务中心	第六批 2019年
360	翁燕琼	女	荣昌陶器	安富街道文化服务中心	第六批 2019年
361	杨玉梅	女	荣昌陶器	安富街道文化服务中心	第六批 2019年
362	余艳梅	女	荣昌陶器	安富街道文化服务中心	第六批 2019年
363	周 燕	女	荣昌陶器	安富街道文化服务中心	第六批 2019年
364	陈 伟	男	荣昌陶器	安富街道文化服务中心	第六批 2019年
365	黄 霞	女	荣昌陶器	安富街道文化服务中心	第六批 2019年
366	李林艳	女	荣昌陶器	安富街道文化服务中心	第六批 2019年
367	刘 媛	女	荣昌陶器	安富街道文化服务中心	第六批 2019年

续表

序号	姓名	性别	项目名称	保护单位/所在单位	获得时间及文件批次
368	彭习恒	男	荣昌陶器	安富街道文化服务中心	第六批2019年
369	钱　露	女	荣昌陶器	安富街道文化服务中心	第六批2019年
370	王　峰	男	荣昌陶器	安富街道文化服务中心	第六批2019年
371	肖祥超	男	荣昌陶器	安富街道文化服务中心	第六批2019年
372	赵宁宁	女	荣昌陶器	安富街道文化服务中心	第六批2019年
373	张德智	男	荣昌陶器	安富街道文化服务中心	第六批2019年
374	李　兰	女	荣昌陶器	安富街道文化服务中心	第六批2019年
375	李正鹏	男	荣昌陶器	安富街道文化服务中心	第六批2019年
376	李骏如	男	荣昌陶陶刻书法技艺	安富街道文化服务中心	第六批2019年
377	吕继成	男	荣昌陶陶刻书法技艺	安富街道文化服务中心	第六批2019年
378	吴华生	男	荣昌陶陶刻书法技艺	安富街道文化服务中心	第六批2019年
379	邹育刚	男	荣昌陶陶刻书法技艺	安富街道文化服务中心	第六批2019年
380	周　健	男	荣昌陶陶刻书法技艺	安富街道文化服务中心	第六批2019年
381	李　鑫	男	荣昌陶陶刻书法技艺	安富街道文化服务中心	第六批2019年
382	刘嘉佳	女	荣昌陶陶刻书法技艺	安富街道文化服务中心	第六批2019年
383	梁洪萍	女	荣昌陶柴窑烧制技艺	安富街道文化服务中心	第六批2019年
384	梁先华	男	荣昌陶柴窑烧制技艺	安富街道文化服务中心	第六批2019年
385	管永双	男	荣昌陶器、荣昌陶柴窑烧制技艺	安富街道文化服务中心	第六批2019年

续表

序号	姓名	性别	项目名称	保护单位/所在单位	获得时间及文件批次
386	李云衫	女	荣昌陶器、荣昌陶柴窑烧制技艺	安富街道文化服务中心	第六批2019年
387	王红健	男	荣昌陶器、荣昌陶柴窑烧制技艺	安富街道文化服务中心	第六批2019年
388	郑国锋	男	荣昌陶器、荣昌陶柴窑烧制技艺	安富街道文化服务中心	第六批2019年
389	袁心权	男	土陶烧制技艺	广顺街道文化服务中心	第七批2019年
390	陈世国	男	土陶烧制技艺	广顺街道文化服务中心	第七批2019年
391	李长久	男	荣昌陶器	安富街道文化服务中心	第七批2019年
392	朱祖金	男	荣昌陶器	安富街道文化服务中心	第七批2019年
393	李远宏	男	荣昌陶器	安富街道文化服务中心	第七批2019年
394	向玉寰	女	荣昌陶器	安富街道文化服务中心	第七批2019年
395	黄光全	男	荣昌陶器	安富街道文化服务中心	第七批2019年
396	彭芝玉	女	荣昌陶器	安富街道文化服务中心	第七批2019年
397	朱泓燕	女	荣昌陶器	安富街道文化服务中心	第七批2019年
398	马琳沁	女	荣昌夏布	重庆市荣昌区德南麻纺织有限公司	第七批2019年
399	张芃芃	女	荣昌夏布	荣昌区国家级示范性综合实践基地	第七批2019年
400	于萍	女	荣昌夏布	加合夏布公司	第七批2019年
401	李金霞	女	荣昌夏布	加合夏布公司	第七批2019年
402	黄安中	男	荣昌夏布	易合纺织公司	第七批2019年
403	黄秀兰	女	荣昌夏布	易合纺织公司	第七批2019年
404	卢久芳	男	荣昌夏布	易合纺织公司	第七批2019年
405	黄良更	男	荣昌夏布	易合纺织公司	第七批2019年

续表

序号	姓名	性别	项目名称	保护单位/所在单位	获得时间及文件批次
406	黄德厚	男	荣昌夏布	盘龙镇文化服务中心	第七批2019年
407	蒲洪登	男	荣昌夏布	盘龙镇文化服务中心	第七批2019年
408	廖振坤	女	荣昌夏布	感懒树文化交流公司	第七批2019年
409	张锦宇	女	荣昌夏布	感懒树文化交流公司	第七批2019年
410	雷娟	女	荣昌夏布	感懒树文化交流公司	第七批2019年
411	王雨	女	荣昌夏布	感懒树文化交流公司	第七批2019年
412	马雪琴	女	荣昌夏布	感懒树文化交流公司	第七批2019年
413	刘丽琼	女	荣昌夏布	感懒树文化交流公司	第七批2019年
414	向玥桥	女	荣昌夏布	感懒树文化交流公司	第七批2019年
415	刘莉	女	荣昌夏布	感懒树文化交流公司	第七批2019年
416	陈静	女	荣昌夏布	感懒树文化交流公司	第七批2019年
417	李道良	男	荣昌折扇	李记扇庄	第七批2019年
418	罗泽金	男	硬木地屏艺术框雕刻技艺	云宝夏布公司	第七批2019年
419	刘万福	男	棕衣制作技艺	河包镇文化服务中心	第七批2019年
420	肖建德	男	河包粉条制作技艺	河包镇文化服务中心	第七批2019年
421	唐光金	男	河包粉条制作技艺	河包镇文化服务中心	第七批2019年
422	彭其斌	男	泥塑及彩绘	河包镇文化服务中心	第七批2019年
423	熊振文	男	泥塑及彩绘	河包镇文化服务中心	第七批2019年
424	张万国	男	泥塑及彩绘	荣昌区文化馆	第七批2019年
425	唐正君	男	竹编技艺	河包镇文化服务中心	第七批2019年
426	李本富	男	竹编技艺	河包镇文化服务中心	第七批2019年
427	郑国军	男	旱蒸牛肉制作技艺	荣昌区牛鹅情食品公司	第七批2019年

续表

序号	姓名	性别	项目名称	保护单位/所在单位	获得时间及文件批次
428	蒋开亮	男	蒋氏白砍兔制作技艺	安富街道文化服务中心	第七批2019年
429	朱彬	男	椿林火锅底料制作技艺	安富街道文化服务中心	第七批2019年
430	邹杰	男	荣昌白鹅烹制技艺	荣昌区三惠餐饮文化股份有限公司	第七批2019年
431	林绍洪	男	荣昌白鹅烹制技艺	荣昌区三惠餐饮文化股份有限公司	第七批2019年
432	张顺荣	男	荣昌卤白鹅制作技艺	重庆城荣食品有限公司	第七批2019年
433	林居权	男	荣昌铺盖面制作技艺	双河街道社区文化服务中心	第七批2019年
434	罗华建	男	荣昌猪刨汤制作技艺	万灵镇文化服务中心	第七批2019年
435	李登芳	女	灰水粑制作技艺	河包镇文化服务中心	第七批2019年
436	田宣丰	女	灰水粑制作技艺	河包镇文化服务中心	第七批2019年
437	熊烈英	女	油炸汤圆制作技艺	河包镇文化服务中心	第七批2019年
438	邓太勇	男	糖画制作技艺	河包镇文化服务中心	第七批2019年
439	覃邦棋	男	清江百草花蛋制作技艺	河包镇文化服务中心	第七批2019年
440	廖中兴	女	麻圆制作技艺	河包镇文化服务中心	第七批2019年
441	柏才东	男	荣昌艾粑制作技艺	万灵镇文化服务中心	第七批2019年
442	江登科	男	邹氏手工药丸秘制疗法	荣昌安富街道文化服务中心	第七批2019年
443	何华元	男	何氏印火熨烫灸炙疗法	荣昌区昌元街道何华元中草药房	第七批2019年
444	刘荣魁	男	刘氏颈肩腰腿痛膏药炼制	荣昌区昌元街道宝城寺社区卫生室	第七批2019年

续表

序号	姓名	性别	项目名称	保护单位/所在单位	获得时间及文件批次
445	黄 梁	男	中医正骨	峰高街道文化服务中心	第七批2019年
446	胡 宽	男	何氏传统膏药炼制	昌元街道文化服务中心	第七批2019年
447	唐 波	男	唐氏骨痛疗法	双河街道文化服务中心	第七批2019年
448	唐 云	男	狮舞	清升镇文化服务中心	第七批2019年
449	王昌正	男	鞭春牛	河包镇文化服务中心	第七批2019年
450	蒋荣璐	女	车灯	河包镇文化服务中心	第七批2019年
451	叶延林	男	根雕	安富街道文化服务中心	第七批2019年
452	蒋朝忠	男	蒋氏回春拳	重庆市荣昌区武术协会	第七批2019年
453	吕凤光	男	吕氏养生拳	河包镇文化服务中心	第七批2019年
454	贺 伟	男	陶家拳	河包镇文化服务中心	第七批2019年
455	姚武文	男	陶家拳	河包镇文化服务中心	第七批2019年
456	陶中正	男	陶家拳	河包镇文化服务中心	第七批2019年
457	廖后良	男	陶家拳	河包镇文化服务中心	第七批2019年
458	肖华勇	男	僧门拳	河包镇文化服务中心	第七批2019年
459	陈久连	男	僧门拳	河包镇文化服务中心	第七批2019年
460	邱延良	男	邱式养生拳	荣昌区武术协会	第七批2019年
461	彭加奎	男	小洪拳	河包镇文化服务中心	第七批2019年
462	唐小森	女	小洪拳	河包镇文化服务中心	第七批2019年
463	陈启辉	男	小洪拳	河包镇文化服务中心	第七批2019年
464	夏成友	女	缠丝拳	河包镇文化服务中心	第七批2019年
465	刘道菊	女	缠丝拳	河包镇文化服务中心	第七批2019年
466	何永刚	男	缠丝拳	荣昌区缠丝拳协会	第七批2019年

　　注　表中加粗人名意为该传承人既为区级项目代表性传承人，又为市级或国家级项目代表性传承人；表中加框字体意为该传承人已去世。现有区级代表性传承人400余名。

附录七　荣昌区非遗领域特色小镇、工作站、基地、园区、传习所

类别	级别	数量	授予单位及时间
非遗特色小镇	市级非遗特色小镇	2处	安陶小镇、夏布小镇（2019年）
非遗工作站	国家级传统工艺工作站	1处	北京服装学院驻重庆荣昌传统工艺工作站（2018年）
	市级传统工艺工作站	1处	四川美术学院驻重庆荣昌传统工艺工作站（2020年）
非遗研究院	国家级非物质文化研究院	1处	四川美术学院荣昌国家级非物质文化研究院（2015年）
	市级非遗研究院	1处	重庆市夏兴荣昌陶研究院（2021年）
非遗研发中心	市级非遗研发中心	1处	西南大学非物质文化遗产研发中心（2020年）
	区级非遗研究机构	2处	荣昌区加合夏布研究所（2015年）荣昌区松竹轩折扇研究室（2015年）
非遗传习所	市级非遗传习所	5处	荣昌区加合夏布制品有限公司、荣昌区德南麻纺织有限公司、荣昌区金扇子工艺品厂、重庆市鸦屿陶瓷有限公司、重庆市兴昌辉腾旅游产业有限公司（2020年）
	区级非遗传习所	1处	重庆市鸦屿陶瓷有限公司（2014年）
非遗基地（园区）	市级非遗研学旅行示范基地	1处	荣昌区国家级示范性综合实践基地（2019年）
	荣昌陶创作基地	1处	四川美术学院荣昌陶创作基地（2015年，安富街道）
	国家级文化产业示范基地	1处	壹秋堂夏布文化发展有限公司（2015年重庆江北公司获评）
	市级文化产业示范园区	2处	重庆市荣昌陶文化创意产业园（2015年）重庆市荣昌区夏布小镇（2019年）
	市级文化产业示范基地	4处	荣昌区宇亚麻纺织有限公司（2012年）荣昌区易合纺织有限公司、荣昌区壹秋堂夏布文化发展有限公司、荣昌区美纶纺织有限公司（2015年，其中美纶纺织已注销）

续表

类别	级别	数量	授予单位及时间
非遗基地（园区）	市级生产性保护示范基地	6处	荣昌区易合纺织公司（2012年） 重庆市鸦屿陶瓷有限公司、荣昌区双龙夏布织染有限公司（2014年） 荣昌区海棠麻纺公司、重庆市安北陶瓷有限公司、荣昌区金扇子工艺品厂（2017年）
	市级非遗传承教育基地	7处	荣昌区安富中学、盘龙镇初级中学（2014年） 峰高中心小学、高新区实验小学、万灵镇中心小学、双河中心小学、壹秋堂夏布公司（2017年）
	区级非遗传承教育基地	26处	后西小学、棠香小学、缠丝拳青少年培训中心、缠丝拳协会恒荣武馆、大成中学、昌龙中学、安富初级中学、青少年实训基地、河包镇初级中学、河包镇中心小学、峰高中心小学、玉伍中心小学、万灵镇中心小学、双河中心小学（2015年，命名14处） 荣昌区职业教育中心、荣昌初级中学、安富初级中学、双河中心小学、缠丝拳协会双河分会训练基地、唐石武馆、沿河武馆、何氏武馆、林氏武馆、缠丝拳训练馆、武荣武馆、苏家拳武馆。（2020年，命名12处）
民间文化艺术之乡	中国民间文化艺术之乡	1处	重庆市荣昌区安富街道（荣昌陶器制作技艺，2021年）
中华优秀传统文化传承学校	全国中小学中华优秀传统文化传承学校	2处	重庆市荣昌中学（陶艺，2021年） 重庆市荣昌高新区实验小学（武术，2021年）

菲遗荣昌

——重庆市荣昌区非物质文化遗产保护名录汇编

附录八　中国非物质文化遗产保护标志

后 记

　　为进一步梳理荣昌区非物质文化遗产代表性项目保护成果，特编辑本书《非遗荣昌——重庆市荣昌区非物质文化遗产保护名录汇编》，历时2年多，先后经过初审、复审和终审三个阶段，几易其稿，较全面地记述了我区非物质文化遗产代表性项目的主要内容、基本特点以及重要价值。

　　本书记录了3项国家级、23项市级以及138项区级非物质文化遗产代表性项目的基本内容。本书的出版，让我区丰富多彩的优秀传统文化得以真实再现、完整传承，让充满智慧的工匠精神得以广泛传播，也有力地夯实了非物质文化遗产的理论研究基础。下一步我们将启动第二次非物质文化遗产资源普查，继续深入挖掘整理全区的非物质文化遗产资源，做好项目和传承人的记录工作，构建更加科学、合理的非物质文化遗产保护传承体系。

　　本书在组稿和编辑过程中，得到了中共重庆市荣昌区委、重庆市荣昌区人民政府的高度重视和从事非物质文化遗产保护工作各级传承人、镇街文化服务中心有关同志以及专家学者们的大力支持，值此本书出版之际，我们谨向上述单位和个人致以最衷心的感谢。

　　由于编纂时间仓促，难免有所疏漏，恭请广大研究工作者和读者予以批评、指正。

重庆市荣昌区文化和旅游发展委员会

二〇二二年十月